50 이후,
인생의 멋을
결정하는 습관들

50 이후,
인생의 멋을
결정하는 습관들

온전히
나답게 사는
행복을 찾다

이시하라 사치코 지음
신은주 옮김

더퀘스트

'유연하게, 말랑말랑하게 생각하자.'

스스로에게 항상 그렇게 되뇌곤 한다. 삶을 살아갈 때 유연함을 가장 중요한 테마로 삼기 때문이다. 거창한 것을 이야기하는 게 아니다. 예를 들어 이런 거다. 꽃은 꼭 꽃병에만 꽂아야 할까? 물론 꽃병에 꽂아도 좋지만 너무 뻔한 것은 재미가 없다. 나는 꽃다발을 받으면 일단 같은 종류의 꽃끼리 분류한 다음, 컵이나 와인 잔에 나누어서 방 여기저기에 놓아둔다. 그러면 방에서 초원의 봄 공기를 느낄 수 있다. 컵에다가 꽃을 꽂지 말라는 법은 없으니까.

사소한 것에서부터 머리를 말랑말랑하게 만들고 생각하는 습관을 들이자. 우리 집에서는 케이크 상자에 열쇠를 놓아둔다. 부엌 수납장에 책꽂이를 넣어두면 그 안에 물건들을 수납하기 편리하다. 연필꽂이를 화분으로 쓰기도 한다. 화장실 수건은 욕실 타월이 아니라 반다나(bandana, 원색 천에 화초나 곡옥과 같은 흰 문양을 염색한 스카프 또는 손수건−옮긴이)로 쓴다. 이유는 간단하다. 빨래하기 쉽고 모양도 귀여우니까. 집에서 신는 실내화는 샌들과 바부슈(baboushe, 모로코풍의 가죽신을 통칭하는 이름−옮긴이)를 활용한다. 다른 집에서는 베란다 티테이블용으로 쓰는 의자를 거실 의자로 쓰고 있다.

물건을 한 가지 용도로만 쓴다고 생각하지 말자. 그 물건에게 다양한 이미지를 만들어주면 하루하루를 즐겁게 보낼 수 있다. 그렇게 살면 일상이 훨씬 재미있어진다.

생각을 유연하게 하면 마음도 부드럽고 말랑말랑해지니 정말 신기한 일이다. 사람은 나이가 들수록 마음이 너그럽고 부드러워야 멋져 보인다.

차례

프롤로그 6

1 나만의 스타일을 만들자

- 유행하는 색보다 내가 좋아하는 색   16
- 진짜 멋쟁이는 옷보다 머리에 신경 쓴다   19
- 언제쯤 염색을 그만하는 것이 좋을까?   24
- 파운데이션을 바르지 않아도 괜찮다   27
- 노 메이크업에도 클렌징은 필수   30
- 내가 트렌치코트를 입지 않는 이유   32
- 첫인상을 결정하는 깃과 네크라인   35
- 플랫슈즈의 멋은 특별하다   38
- 겨울에 바구니를 가지고 다니는 여자   41
- 작은 지갑을 쓰면 세상이 달라진다   45
- 울 스웨터를 입지 않아도 좋다   48
- 세상에서 하나밖에 없는 핸드메이드 다이어리   54
- 선물을 고를 때는 지금 내 마음에 드는 것으로   60
- 손글씨는 붓펜으로 분위기 있게   66

나한테 딱 맞는 시계를 찾아서   69

스스로에게 주는 선물의 기준   73

즉흥적인 끌림으로 떠나는 여행의 맛   76

어디를 가든지 짐은 가볍게   79

내 물건들이 갈 곳을 정해놓는다   82

60대에는 어디에서 살면 좋을까?   88

2

멋은

평생 내는 것!

TPO에서 중요한 것은 상대의 시선   94

집에서 입는 옷까지 나답게 코디하기   96

작은 진주가 아름답다   101

액세서리 백 배 활용법   106

몸매가 예뻐 보이는 소재 고르기   110

안경을 액세서리로 활용하려면   114

가방 속은 예쁜 케이스로 정리한다   118

가방 크기는 반드시 거울로 확인할 것   122

옷 입는 방법에 따라 내 모습이 달라진다   126

비옷이 있으면 비오는 날도 즐겁다   131

3

기분 좋은 생활은
제대로 먹는 것부터

- 제철 과일을 항상 준비해둔다   136
- 예쁘고 먹기 좋은 나만의 과일 플레이팅   142
- 식탁보가 부리는 마법   147
- 냄비 가득 채소 수프를!   152
- 종이 봉지의 알찬 쓰임새   155
- 싱크대 문에 이름표를 붙인다   158
- 깔끔한 고기 보관법   161
- 대나무 찜기로 할 수 있는 것들   168
- 최소 시간에 밥과 반찬 만들기   173
- 때로는 프라이팬 그대로 식탁에   178
- 예쁜 주전자는 항상 좋다   179
- 테마가 있는 즐거운 식사 모임   183
- 우아하게 차를 마시는 시간   188
- 맛있는 고기를 굽는 시간   191

즐거움은 항상 가까이에 있다

재스민으로 나누는 행복 198

프렌치 블루가 주는 특별한 느낌 201

파머스 마켓과 골동품 시장에서의 설렘 206

화창한 날엔 구두 닦기 213

달콤한 숙면을 도와주는 수면안대 218

간장병도 스타일리시하게 221

무엇이든 액자에 넣어보기 226

멋진 인테리어 소품, 쿠션 229

블루투스와 친해지기 233

계절이 느껴지는 그릇을 쓰다 237

좋아하는 옷을 입고 산책하는 즐거움 244

조지아 오키프를 오마주하다 248

꽃구경은 도쿄대학교에서 253

꽃을 마지막까지 즐기는 방법 257

그리와 누아르의 일기 261

에필로그 268

1

나만의 스타일을 만들자

모두 똑같을 필요가 없다.

잡지나 책에 나와 있는 그대로

따라할 필요도 없다.

내 눈으로 보고 내 마음으로

멋지다고 느끼는 것을

우선시하면서 살아가면 된다.

그래야 훨씬 기분이 좋다.

잘 먹고 잘 입고 잘 살아가는 비결은

가장 나답게 사는 것이다.

유행하는 색보다
내가 좋아하는 색

흰색을 원래 좋아한다. 그런데 작년 봄과
여름이었던가, 문득 내가 흰색 옷만 입는다는 사실을
깨달았다. 다른 색의 옷은 전혀 입지 않고 있었다.
나도 모르게 흰색만 입고 싶었나 보다. 그 전까지는 주로
검은색 옷만 입었던 탓에 흰색 옷을 더 찾았던 것일 수도
있다. 그렇다면 이제부터 가장 나답게 만들어주는 색,
내가 가장 좋아하는 색을 흰색으로 정해서 가볼까 하는
생각이 든다. 매해 유행하는 색깔에 신경 쓰지 않고
내 기분을 잘 표현해주고 내가 가장 좋아하는 색의 옷을
입을 때 진짜 멋을 아는 사람이 되는 것 같다.

요즘은 아침에 옷을 입을 때면 자연스럽게 흰색
니트에 손이 간다. 흰색 니트를 입으면 하의나 겉옷,
구두를 베이지색, 옅은 회색, 오트밀, 헤더 그레이 등
흰색에 가까운 내추럴한 색으로 맞춰 입을 수 있다.

흰색 면 원피스와 발목 길이의 흰색 바지.
구두도 흰색인데 일부러 때를 묻혔다.
원래는 끈을 매는 구두지만 끈을 빼고 신는다.

전체적으로 보면 화이트톤으로 코디한 셈인데 나는
이런 식의 코디를 중년 여성들에게 추천하고 싶다.

화이트나 베이지로 전체적으로 컬러를 통일해서
코디하면 인상이 깨끗해 보이고 품격도 있어 보인다.
여기에는 진주가 딱 어울린다. 진주 액세서리를
매치하면 맨얼굴이어도 얼굴이 밝게 보인다. 상의와
하의를 톤만 달리 하여 한 가지 색으로 코디하면 그 위에
걸치는 옷은 비슷한 톤이어도 좋고 다른 색이어도 좋다.
둘 다 잘 어울린다. 쉽고 간단하게 멋쟁이가 될 수 있다.

진짜 멋쟁이는 옷보다 머리에 신경 쓴다

"헤어스타일 아주 멋져요."

이런 칭찬을 자주 듣는데 그때마다 정말 기쁘다.
나는 헤어스타일에 신경을 많이 쓰고 있다.
헤어스타일은 한눈에 훅하고 훑어보면 바로 알 수 있는
부분이다. 헤어스타일은 너무도 중요하다. 얼굴을
밝게 보이게 하는 것도 표정을 예쁘게 만드는 것도
헤어스타일이다. 멋쟁이로 보이는지 판단할 때는 옷도
중요하지만 머리 모양이 결정적으로 영향을 끼친다.
몸의 전체적인 균형을 잡아주는 것도 헤어스타일이다.

우선 멋진 헤어스타일을 만들려면 헤어디자이너나
미용실을 잘 골라야 한다. 헤어스타일은 나와
헤어디자이너가 둘이서 콜라보로 만드는 것이다.
그러므로 내가 하고 싶은 머리 모양이 어떤 것인지
알아야 하고 무엇보다 지금까지 나한테 잘 어울린

머리 모양을 아는 사람부터 찾아야 한다.

나는 다이칸야마에 위치한 'DaB'라는 미용실에서 일하는 체 씨와 야마다 치에 씨를 20년 동안이나 알고 지냈다. 처음 만났을 당시 체 씨는 미용실을 막 차렸을 때였고 꽤 젊었다.

헤어디자이너를 선택할 때의 포인트는 나보다 젊은 사람을 고르는 것이다. 내 나이 또래의 사람이면 안정적인 헤어스타일로 해주기 때문에 정교하면서도 세련된 느낌이 들지 않는다. 흔하디흔한 느낌을 주기 쉽다. 그러므로 헤어스타일이 무겁고 칙칙한 느낌이 들면 과감하게 헤어디자이너를 젊은 사람으로 바꿔보는 것을 추천한다. 그렇다고 나이만 젊고 한 가지 이미지에 갇혀 있는 헤어디자이너에게 가면 곤란하다. 다양한 스타일을 유연하게 만들어내고 임기응변에 강하며

내가 해달라고 하는 대로 잘 맞춰주는 사람을 찾아야
한다.

옛날에 어떤 유명한 헤어살롱에서 불만을 이야기한
적이 있다. 유명한 헤어살롱은 당시 시즌에 유행하는
스타일을 강요하는 구석이 있는데 어떤 사람이든 무조건
이런 헤어스타일을 하는 게 좋다고 우기는 것이다.
그곳도 그랬다.

"사람에 따라서 얼굴형도 다르고 분위기도 다르니까
그 사람에게 맞는 스타일이 낫지 않나요?"

이렇게 물었던 기억이 난다. 그러니까 이런 거다.
회사 직원들과 내가 모두 같은 헤어스타일을 하고
있으면 무척 이상하지 않는가?

헤어스타일은 단지 머리 모양이 아니라 그 사람이
그때 가졌던 마음을 보여주는 것이다. 옷의 색깔도

나에게 맞는 것이 있듯이 헤어스타일도 마찬가지다.
유행을 따라가거나 다른 사람을 흉내 내는 것이 아니라
지금 내가 어떤 기분을 느끼는지, 그것을 보여주는 것이
바로 헤어스타일이다.

나도 그때그때 기분에 따라서 여러 가지 스타일을
시도하며 모험을 했다. 긴 머리를 할 때도 있었고
아이처럼 짧게 커트하기도 했다. 40대 후반에는
머리 전체를 탈색해서 아예 새하얗게 만들기도 했다.
헤어스타일은 때때로 과감해도 좋다. 머리는 바로
자라기 때문에 내가 하고 싶고 또 할 수 있는 스타일을
여러 가지로 시도해보면 좋다.

언제쯤 염색을 그만하는 것이 좋을까?

젊은 시절부터 다양한 색으로 머리를 염색하곤
했지만 지금은 전혀 염색을 하지 않는다. 나는 고맙게도
일부만 염색한 것처럼 앞부분에만 흰머리가 나오는
타입이다. 처음엔 그 부분만 염색을 했었는데 '그냥
이대로 놔두는 것이 좋지 않을까?' 하는 생각이 들어서
50세 때부터 염색하는 것을 그만두었다. 이후에는
앞머리의 흰머리 부분이 오히려 잘 드러나 보이도록
커트를 한다.

염색을 하면 사실 머릿결도 상하고 시간도 들 뿐더러
무엇보다 매우 귀찮다. 그런데도 사람들은 염색하는
것을 그만두면 갑자기 나이 들어 보일까 봐 걱정한다.
언제 염색하는 것을 그만둘지는 그래서 중년 여성들의
가장 중요한 관심사다.

사비 젠틸(Sabby Genteel, 다이칸야마에서 저자가

운영했던 라이프 스타일 숍의 브랜드)의 스태프인 구로사와는 62세다. 그녀는 60세를 넘기고 나자 1년 동안의 과도기를 거쳐 염색을 완전히 그만두었다.

"이제 염색을 그만하고 싶어요."

이렇게 이야기하고 나서 1년 정도 시간을 들여서 조금씩 본래의 머리카락 색으로 되돌아갔다. 흑발과 백발이 섞인 것을 싫어해서 처음에는 검은색 머리를 밝은 갈색으로 물들인 다음, 밝은 갈색에 흰머리가 자연스럽게 자라도록 만들었다고 한다. 그렇게 하다가 서서히 염색하는 것을 그만두었다.

지금 그녀의 머리는 어두운 회색과 흰색이 섞인 그레이 헤어다. 머리카락을 자연스럽게 넘길 수 있도록 여성스러운 쇼트커트를 했는데 어떤 옷을 입어도 멋지게 어울린다. 염색을 그만두는 시기는 사람들마다 다르다.

사람마다 고유의 분위기도 다르고 이목구비도 다르기 때문에 나이와 입는 옷에 따라서 백발이 잘 어울리는 시기 역시 각각 다르다. 그러므로 내 모습이 어떻게 변하고 있는지 잘 살펴보면서 염색을 그만둘 타이밍을 잡았으면 좋겠다.

파운데이션을 바르지 않아도 괜찮다

나는 1970년대에 20대를 보냈다. 일본이 경제적으로 고도 성장기에 속한 시기다. 세상의 모든 것이 파워풀했고 패션도 그랬다. 그때는 어깨에 패드가 들어간 파워숄더 재킷을 입었고 거기에 맞춰서 화장도 모두 선명하게 했다. 내 차림새를 본 아버지가 "조금 떨어져서 걸어라."라는 말을 하실 정도였다. 어디를 가든 나는 화장을 꼭 했다.

시대와 유행이 변했고 나도 화장을 조금씩 연하게 하게 되었다. 이제는 화장을 거의 하지 않는다. 나는 원래 파운데이션 바르는 것을 좋아하지 않는다. 얼굴에 아무것도 바르지 않는 것을 더 좋아하는 까닭이다. 지금은 파운데이션을 갖고 있지도 않고 아예 바르지도 않는다. 아침에 샤워를 하고 피부 화장 없이 눈썹과 아이라인을 그리는 정도로 가볍게 메이크업을 한다.

그런 식으로 나는 5분 만에 메이크업을 끝낼 수 있다.
그렇지만 그 5분 메이크업은 거르지 않고 꼭 한다.
하루를 시작하기 전, 나만의 기분 전환을 위한 소중한
의식이기 때문이다.

　텔레비전 홈쇼핑에 출연할 때도 평상시와
마찬가지로 초 간단 메이크업만 한다. 아무리
방송이라도 역시 파운데이션은 바르지 않는다.
메이크업을 해주는 분이 파운데이션을 꺼내려고 하면
"저는 파운데이션을 안 바릅니다."라고 한다.
그럴 때마다 다들 "아, 그러세요?" 하며 놀라지만.

　파운데이션을 발라서 주름을 감춰야 젊어 보일까?
점점 잡티가 많아지는 얼굴을 보정하기 위해 화이트닝을
해야 젊어 보일까? 과연 정말 그럴까? 이렇게 의심하는
것도 필요하다고 생각한다. 더 나아가 나는 이렇게

생각해본다.

'젊게 보이는 것이 그렇게 좋은 것일까?'

나이 들어간다는 것은 당연하고 자연스러운 일이다.
나이가 든 만큼 외모도 변해가는 것이 당연하다. 그런
자신을 인정하고 웃는 얼굴로 즐겁게 살아가는 쪽이
훨씬 더 멋지게 보인다. 적어도 나에게는 그렇게 보인다.

일본에서도 멋진 노인들이 늘어나고 있지만 외국의
60대, 70대, 80대 여성들은 나름의 멋을 지니고 있어
정말 아름답다. 그녀들은 나이를 인정하고 기미나
주름을 감추려고 하지 않는다. 그리고 환하게 미소
지으며 즐겁게 인생을 즐기고 있다. 그것이야말로 멋진
인생이 아닐까? 다른 사람의 눈을 생각하지 않고 내가
즐겁게 살아가면 된다.

노 메이크업에도 클렌징은 필수

나는 바다를 너무 좋아해서 바닷가에 나가 햇볕을 쬐는 일이 많다. 그러다 보니 어쩔 수 없이 피부에 기미가 많이 생긴다. 피부과 선생님조차 "사치코 씨한테는 기미 없애는 걸 포기할 수밖에 없어요. 태양을 좋아하시니까."라는 푸념을 들을 정도다. 나도 딱히 부정하지 않고 "네, 그렇네요."라고 대답하곤 한다. 그 말대로 나는 태양을 좋아하니까 어쩔 수 없다.

앞에서 이야기했지만 나는 파운데이션을 바르지 않는 사람이다. 파운데이션을 두껍게 바른다 하더라도 기미는 감출 수 없다. 그러다 보니 재밌는 생각이 가끔 떠오른다. '반대로 살을 까맣게 태워서 기미를 감출까?' 하고. 긍정적인 마음으로 매일매일 웃으면서 생활한다.

항상 맨얼굴이다 보니 세안을 열심히 하고 로션을 자주 발라 보습에 신경 쓰게 된다. 그래서 굳이 클렌징을 매일 뽀득하게 하지 않는다. 물론 매일 바르는 로션이나 보습제에 유분이 포함되어 있으므로 피부에 화장품의 두꺼운 유분이 남아 있으면 피부가 거칠어지기도 한다. 그래서 때때로 클렌징을 잊지 않고 하는 편이다. 횟수는 일주일에 한 번 정도. 야쿠르트(일본의 화장품 브랜드 – 옮긴이)에서 나온 클렌징크림으로 꼼꼼하게 클렌징을 한 뒤에 세안을 한다.

깨끗하게 얼굴을 씻고 로션을 발라 보습에 신경 쓰자. 맨얼굴로 드러나는 내 피부를 지키기 위해서는 가끔 하는 클렌징을 걸러서는 안 된다.

내가 트렌치코트를
입지 않는 이유

어떤 사람이 멋진 사람인가? 자신의 모습을 소중하게
여기는 사람이 멋진 사람이다. 일단 멋을 아는 사람들은
나한테 없는 것을 억지로 만들지 않는다. 체형도 얼굴도
자라온 환경도 사람마다 각각 다르다. 그러니까 남과
비교해서 부족해 보이는 것에 한탄하는 것이 아니라
다른 사람과 다른 나를 확실하게 바라볼 수 있어야 한다.
동그스름하고 민틋한 어깨를 가진 사람은 거기에 딱
맞는 옷을 찾으면 된다.

모든 것을 자기다움의 척도로 보는 습관을 갖자.
그리고 그것을 어떻게 살릴지 고민해야 한다. 내 본래
모습을 보며 긍정적인 생각을 하다보면 새로운 발견을
할지 모른다. 포인트는 각자 갖고 있는 분위기를
살리는 것이다. 귀여운 인상을 주는 사람도 있고 매우
여성스러운 느낌의 사람도 있고 보이시한 사람도 있다.

자신만의 분위기는 나이와 상관없다.

몇 살이 되든 그 고유한 분위기는 바뀌지 않는다.

　분위기에 따라 어울리는 옷도 다 다를 것이다.

예를 들어 트렌치코트와 스탠 칼라(stan collar, 앞이

뾰족하게 내려온 일반적인 칼라 모양) 코트 중 어느 것이

나에게 어울릴까? 내 경우는 스탠 칼라 코트가 어울린다.

트렌치코트를 입으면 왠지 불안하다.

아마도 잘 어울리지 않아서 그런 것 같다. 그래서

난 세 벌의 코트가 모두 스탠 칼라로 되어 있다.

"항상 스탠 칼라만 입네요?"라는 말을 들어도 괜찮다.

이 칼라가 나한테 어울린다는 자신감을 갖고 그 옷을

멋지게 입으면 된다. 그렇게 함으로써 나만의 스타일을

완성해간다.

봄은 코트의 계절. 이 옷은 오랫동안
입었던 코트로 소재는 면이다.
그러니까 1년 내내 입을 수 있는 옷이다.
이 외에 갖고 있는 실크 소재의
호피무늬 코트도 스탠 칼라다.

첫인상을 결정하는 깃과 네크라인

옷을 입을 때 헤어스타일과 마찬가지로 중요한 것이 깃과 네크라인이다. 깃을 어떻게 처리하느냐에 따라 그 사람이 멋지게 보이기도 하고 그렇지 않아 보이기도 한다. 깃과 네크라인에 대해서는 한마디 말로 이야기하기가 정말 어렵다. 왜냐하면 '당신 같은 타입은 꼭 이렇게 해야 한다'고 말할 수 없기 때문이다. 사람마다 얼굴형, 헤어스타일, 체형과 분위기가 다르므로 잘 맞는 깃과 네크라인의 형태도 다 다르다. 따라서 본인의 눈을 믿고 거울을 보면서 어떤 것이 잘 어울리는지 스스로 찾아야 한다. 나에게 어울리는 깃을 찾는 일은 정말 섬세한 과정이다.

"아깝다. 이 깃이 3센티미터 더 내려가 있고 1센티미터만 펼쳐져 있다면 완벽할 텐데."

나중에는 이런 차원의 말까지 나올 수 있다.

그만큼 깃 하나로 인상이 확 변한다.

　나한테 맞는 깃과 네크라인의 형태가 늘 똑같은 것이 아니기에 일률적으로 하나만 정하기도 어렵다. 어느 날 갑자기 '이런, 전에는 잘 어울렸는데 이제는 잘 어울리지 않네?' 하는 느낌이 들지도 모른다. 마찬가지로 똑같은 모양만 고집하다가 질리는 경우도 있다. 그러므로 근본적으로 지금의 내 모습을 제대로 보는 것이 중요하다. 지금의 나와 잘 어울리는 깃과 네크라인을 찾고 내가 멋지게 보이는 모양을 끊임없이 찾아야 한다.

　이제 막 산 옷의 깃과 네크라인의 모양이 지금은 어울리지 않아도 언젠가는 어울리는 시기가 올 것이므로 그 옷은 그냥 두어도 된다.

계절마다 잘 어울리는 깃이나
네크라인 모양이 달라지기도 한다.
지금 나한테 어울리는 것을 찾아보자.
여며보기도 하고 열어보기도 하면서.

플랫슈즈의
멋은 특별하다

　하이힐을 언제부터 신지 않았는지 이제 기억도 잘 나지 않는다. 20대 때는 나도 7센티미터 이상의 하이힐을 신었고 그런 구두를 신고도 잘만 뛰어다녔다. 그렇지만 어느 날 갑자기, 아직 하루 일과가 다 끝나지 않았는데도 발이 아파 하이힐을 더 이상 신을 수가 없었다. 그때 나는 이제 힐과 이별을 해야겠다고 생각했다.

　하이힐을 신으려면 복근과 등 근육이 제대로 발달되어 있어야 한다. 그렇지 않으면 힐을 신을 수 없다. 근육이 없는데도 힐을 신으면 반드시 몸에 무리가 온다. 혹독하고 정교하게 근육을 단련시킨 사람이 아니라면 나이가 듦에 따라 누구나 그렇듯이 근육이 줄어든다. 내 경우에는 몸을 위해서 하이힐을 신지 않는 선택을 했다. 지금 갖고 있는 구두의 98퍼센트가 플랫슈즈다.

　키가 작아서 하이힐을 신는다고 하는 사람이 있는데

하얀 끈을 매는 이 구두는
초 만능 슈즈다.
옷을 잘 차려입을 때도,
가볍게 캐주얼한 옷을 입을 때도
다 잘 어울린다.

그 사람은 정말 큰 착각을 하고 있다. 패션은 전체적인 밸런스가 중요하다. 하이힐을 신고 안 신고는 중요한 문제가 아니다. 머리끝부터 발끝까지 전체적인 균형이 잡힌 자세로 걸으면 분명 키도 커 보일 것이다.

플랫슈즈에도 여러 가지 타입이 있다. 구두끈을 매는 신발이라면 유행을 타지 않는 옷이나 캐주얼한 패션에도 잘 어울린다. 사브리나 슈즈(sabrina shoes, 영화 〈사브리나〉에서 오드리 햅번이 신었던 플랫슈즈로 심플한 모양에 끝이 약간 뾰족하다)를 신으면 발걸음에서 여성스러움이나 가벼운 느낌이 나온다. 일단은 화려한 느낌의 플랫슈즈를 찾아서 신고 다녀보자. 발끝에 포인트가 있다는 생각에 발걸음마저 사뿐사뿐 가벼워질 것이다. 그런 자신감 넘치는 모습이 멋지게 보이는 비결이다.

겨울에 바구니를 가지고 다니는 여자

"컵은 물을 마시기 위해서 필요한 것인데 거기다 꽃을 꽂는 것은 좀 그래. 꽃병이 있는데."

이렇게 말하는 사람이 있다. 나는 바로 이런 생각이 든다.

'어째서?'

물건의 용도는 쓰는 사람이 정하면 된다. 꽃을 꽂았던 컵을 깨끗하게 씻으면 꽃을 빼낸 후에도 마실 물을 담을 수 있다.

그런가 하면 50세를 넘으면 액세서리 하나를 해도 이미테이션 말고 진짜 보석이어야 한다고 말하는 사람도 있다. 그 말에도 나는 '어째서?'라는 생각이 든다. 그렇게 하다 보면 자유롭게 멋 부릴 수 있는 즐거움이 줄어들지 않을까?

사람들은 '이것은 꼭 이렇게 해야 한다'는 생각에

사로잡히기 쉽다. 그런 생각을 버리는 것이 자유롭게
살아가는 첫 번째 비결이다. 자유롭게 살다 보면
의식주의 생활 전반을 즐겁게 만들 수 있다.

나의 경우, 바구니를 내 맘대로 해석하여 겨울에도
들고 다니는 편이다. 바구니는 원래 시장에서 물건을
담을 때 쓰는 가방이다. 그러니까 실은 여름에만 쓰는
물건이 아니다. 실제로 겨울에도 파리의 여성들은
바구니를 들고 시장을 보러 간다. 자연스러운
모습, 때로는 그 바구니가 액세서리 역할을 해서
멋스럽기까지 하다.

예전에는 겨울이 오면 거칠고 성기게 짜인 스웨터를
입었지만 지금은 촘촘한 스웨터를 입는다.
아란 스웨터(aran sweater, 꽈배기와 사슬 모양 등으로
무늬를 만들어 짠 스웨터 – 옮긴이)에 털실로 짠 부츠를

신고 바구니를 들고 외출하곤 한다. 내가 정말 좋아하는
스타일이다. 지금도 시장에 가거나 근처에 물건을 사러
갈 때는 겨울에도 바구니를 갖고 나간다. 바구니는
패션을 즐길 수 있는 작은 소품으로 1년 내내 큰 도움이
된다.

작은 지갑을 쓰면 세상이 달라진다

　　나는 옆으로만 긴 장지갑을 정말 좋아하려야 좋아할
수가 없다. 장지갑이 있으면 필연적으로 가방이 커진다.
가방이 커지면 쓸데없는 것들을 넣게 되고 그러다 보면
짐이 무거워진다. 나는 무거운 가방을 갖고 다니는 것이
싫다. 따라서 반지갑을 애용한다.

　　가방은 패션의 일부고 상당히 중요한 아이템이다.
나는 가방을 패션으로 잘 활용하는 편인데 옷과 상황에
따라서 가방을 자주 바꾼다. 파티에 갈 때는 액세서리
느낌이 나도록 작은 가방을 들고 가는 일이 많다.
그렇다 보니 작은 반지갑, 아니면 그보다 더 작은 지갑을
좋아한다.

　　반지갑은 동전 넣는 부분이 볼록해지기 때문에
작은 동전 지갑을 꼭 따로 가지고 다닌다. 옛날부터
물림쇠가 달린 지갑을 정말 좋아했는데 그래서인지

열심히 모으게 됐다. "이거 정말 깜찍하다." "이거 정말
편하겠네." 하면서 이 지갑 저 지갑 사다가 어느 순간부터
물림쇠가 달린 지갑 수집가가 되어버렸다. 똑딱 똑딱
하고 장난치며 갖고 놀고 싶은 마음이 재밌어서 그런지
물림쇠 지갑은 갖고만 있어도 즐겁다.

　　지갑을 많이 모으다 보니 상황에 따라 사용하는
지갑이 따로 있을 정도다. 파티에 갈 때는 작은 가방
안에 아주 작은 물림쇠 돈지갑을 넣고 간다. 유럽에
갈 때는 유로화 전용 물림쇠 지갑을 쓰고, 미국에 갈
때는 달러 전용 돈지갑을 가지고 다닌다. 이런 식으로
사용하다보면 여행을 떠날 때 안에 남은 돈을 바꾸지
않고 그 지갑을 그대로 가지고 다니면 되니 무척 편하다.
여성용 장지갑이 주는 무거운 이미지에서 벗어나보면
하루하루가 달라질 것이다.

여기 있는 지갑은 내가 가진 것들 중 극히 일부.
사진 맨 앞에 보이는 종이봉투 모양의 발렌시아가 지갑은
열어보면 안쪽이 온통 레몬옐로우색이다! 여러 가지
작고 예쁜 지갑을 가지고 있는 것만으로도 기분이 좋아진다.

울 스웨터를 입지 않아도 좋다

　사람들은 가을이나 겨울에 울 스웨터를 주로 입는다.
그러나 나는 유감스럽게도 입을 수 없다. 50세가 넘은
어느 날부터 울 소재 옷을 입으면 따끔따끔한 느낌이
들었고 그 다음부터는 입지 못하고 있다. 그 이후에는
캐시미어 스웨터만 입을 수 있다. 어쩌다 보니 몸이
고급 옷만 찾는 셈이 되었지만.

　멋진 디자인의 울 코트도 하나 있었는데 역시
어느 날부터 깃이 닿는 목 부분이 따끔따끔했다.
게다가 옷도 점점 무겁게 느껴지기도 했다. 그러니까
어쩔 수 없이 깔끔하게 포기하고 가볍고 착용감이 좋은
소재를 선택한다.

　더위가 사라지고 갑자기 가을이 와버린 10월의
쌀쌀한 날, 나는 실크 코튼(silk cotton, 면과 비슷하면서
광택이 있는 케이폭 섬유의 다른 이름 – 옮긴이)으로

만든 긴소매 셔츠에 면으로 된 후드티를 입고
가죽재킷을 걸친 다음 캐시미어 목도리를 두른 채
자전거를 타고 외출한다. 또는 두툼한 긴소매 티셔츠에
패딩 조끼를 입고 겉옷으로 면 코트를 입기도 한다.
면 코트이긴 하지만 속에 패딩 조끼를 입으면 매우
따뜻하다. 패딩 조끼는 정말 보물 같은 아이템이다.
쌀쌀한 날에 더욱 추천한다.

　　보통 사람과 비교해서 나는 더위를 잘 타는
사람이다. 친구들이 자주 "그것만 입고 춥지 않니?"라고
말을 할 정도인데, 그럼에도 추운 것은 나 역시 싫다.
그러니까 얇게 입은 것처럼 보여도 실은 따뜻하다는
뜻이다.

　　가을이나 겨울옷은 반드시 울이 아니어도 좋다.
예를 들어 면이어도 몸에 딱 맞는 옷을 속에 입고

따뜻하게 옷을 입으려면
여러 벌 겹쳐 입는 것이 중요하다.
겉옷은 겉감이 매끈하고 따뜻한 패딩.
패딩은 적당한 가격의 옷을
겨울 시즌이 올 때마다 새로 사 입는다.

그 위에 다른 옷을 걸치면 한결 따뜻하다. 나는 주로
니트와 후드티를 입고 그 위에 또 웃옷과 코트를 입는다.
그렇게 하나씩 겹쳐서 입으면 꽤 따뜻하게 다닐 수 있다.
어차피 사람에 따라서 추위를 느끼는 정도가 다르므로
겨울에는 어떻게 입어야 한다는 룰은 없다.
안 추울 정도로 각자 몇 겹씩 껴입는 방법으로 자신에게
편안하고 잘 맞게 입는 것이 중요하다.

긴소매 티셔츠. 소재는 레이온, 면, 실크 혼방
제품으로 도톰하고 착용감이 산뜻한 것으로 고른다.
한 여름을 제외하고 오랫동안 입을 수 있는 옷으로
내가 가장 편하게 입는 아이템이다.

한 겨울에는 이런 느낌으로 겹쳐서 입는다.
베이지색부터 흰색까지 원톤으로 코디네이션.
시크하고 깔끔해 보인다. 특히 중년 여성이라면
이런 식으로 겹쳐 입는 것을 추천한다.

크롭트 팬츠(cropped pants, 발목까지 오는
바지—옮긴이). 소재는 나일론 혼방으로 안에는
기모가 있어 따뜻하다. 이 바지도 정말
자주 입는 옷 중 하나.

적당한 길이의 패딩. 2016년에 자라ZARA에서
2만 엔(약 20만 원) 주고 산 제품이다.
엉덩이가 완전히 가려지고 따뜻하다.

캐시미어 머플러와 가죽 장갑,
그리고 면양말.
목으로 찬바람이 들어오면
추우니까 외출할 때
머플러는 필수다.
얇은 두께의 캐시미어 머플러는
따뜻하고 가벼워서
관리 또한 편하다.

도톰한 면 소재 후드 짚업.
지퍼 아래쪽이 열려 있기 때문에
배 주변이 조이지 않고
편안하게 보인다.

목이 짧은 부츠.
크롭트 팬츠와 맞춰 신으면
균형감 있어 보인다.
살짝살짝 보이는 양말은
바지와 같은 색 계열로 한다.

세상에서 하나밖에 없는 핸드메이드 다이어리

오른쪽 사진 속 노트는 모두 내가 썼던 다이어리다. 무지 노트를 사서 직접 손으로 날짜를 쓰며 만든 것으로 시중에서 파는 다이어리가 영 마음에 들지 않아서 직접 만들어야겠다고 생각하고는 바로 만들어 쓰고 있다. 예쁜 무지 노트라면 집에 산처럼 많았으니까.

일단 화려하고 예쁜 노트를 고른 다음 달력을 손으로 써서 열두 달 다이어리를 만들면 끝이다. 한 달이 끝날 때마다 여러 가지 광고지나 화보지로 주머니를 만들어서 종이 뒷면에 붙였다. 이 주머니에는 그 달에 써두었던 메모와 사람들에게서 받은 명함, 마음에 들었던 가게의 명함 등을 넣었다. 보통 명함만 따로 보관하곤 하는데 그럼 언제 어디에서 만난 사람인지 잊어버리기 쉽다. 다이어리를 만들 때 한 달 단위로 스케줄표와 주머니를 만들어서 그 안에 명함이나

메모 등을 정리하면 그때의 상황이 떠올라서 한참 있다
보아도 생각이 잘 난다.

다이어리를 쓸 땐 가름끈이 있으면 편하므로 그것도
손수 만든다. 끈을 붙이고 끈 끝부분에 액세서리를
누름돌 대신으로 붙인다. 메모지나 명함 등 여러
가지가 들어 있는 다이어리이므로 평소에 열리지 않게
고무줄로 꽉 닫아놔야 한다. 그래서 나는 고무줄도 직접
만들어서 붙였다. 노트 뒷면에 칼로 구멍을 두 개 뚫어서
그 사이로 고무줄을 넣고 묶으면 다이어리를 닫아놓을
수 있다.

핸드메이드 노트는 실제로 사람들에게서 좋은
반응을 얻었다. 갖고 다니며 꺼낼 때마다 사람들이
모두 "와! 예쁘네요!" 하고 칭찬해주었다. 내가 하는
방식대로 수첩을 만든 친구도 있었다. 최근 몇 년 동안은

아이폰이나 아이패드에서 메모와 스케줄을 관리할 수 있게 되어 더 이상은 이런 '핸드메이드 다이어리'를 쓰지 않고 있지만. 다이어리를 직접 만들어 썼던 일은 매우 즐거운 기억으로 남아 있다. 가끔은 손으로 쓴 낙서와 메모가 그리워질 때가 있어서 아날로그 방식이 좋다는 생각도 한다.

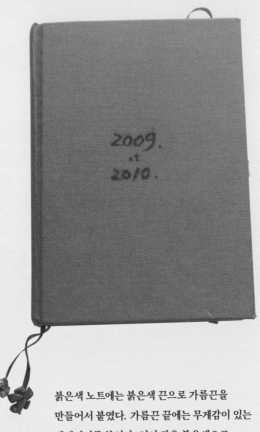

붉은색 노트에는 붉은색 끈으로 가름끈을
만들어서 붙였다. 가름끈 끝에는 무게감이 있는
액세서리를 붙였다. 역시 같은 붉은색으로.

노트 양쪽 펼침 면을 활용하여
한 달 치 달력을 적어 넣는다.
나는 이때 붓펜을 즐겨 쓴다.

달력을 직접 그리는 대신
다른 종이에 써서 풀로
붙였던 적도 있다.
정해놓은 형식은 없으니까.
한쪽 페이지가 남으면
이런 식으로 머릿속에
떠오르는 말을 메모해두기도 한다.
이때는 '감동하는 마음이
중요하다'는 말을 써두었다.

한 달이 끝날 때마다
예쁜 광고지를
접어서 주머니를 만든다.
이 안에는 명함이나
메모를 넣어둔다.

선물을 고를 때는
지금 내 마음에
드는 것으로

　누군가에게 선물을 줄 때는 언제인가? 상대의
생일이나 결혼, 출산을 축하하거나 크리스마스 선물 등
여러 가지 경우가 있을 것이다. 이왕 선물을 할 거라면
받는 상대방을 세심하게 떠올리면서 선물을 골라보자.
아니면 직접 만들어서 선물을 해도 좋다.

　선물을 건넬 때는 내 마음도 건네는 것이다. 그래서
선물을 받는 상대방이 기뻐하면 내 마음을 받고
기뻐하는 셈이므로 나에게도 무척 좋은 일이다. 그러니
상대가 기뻐할 선물을 세심하게 골라보자. '이 사람은
먹는 것을 좋아해.' '이 사람은 예쁜 것을 좋아해.'
이런 관찰을 항상 머릿속에 넣어두는 것이다.

　그리고 '이 사람은 식구가 많다.' '이 사람은 계속
앉아서 일을 하는 사람.' 등 그 사람의 생활 모습을
머릿속으로 그리면 주고 싶은 선물이 구체적으로,

그리고 자연스럽게 떠오른다.

　이렇게 평소에 주고 싶은 무언가를 생각하고 있다가 때마침 그 사람이 나를 초대했을 때 그 선물을 가지고 가면 된다. 또한 선물은 상대방에게 부담이 가지 않는 것을 고르는 것이 중요하다. 나는 항상 내가 마음에 들었던 물건을 여분으로 사놓고 그것을 주는 편이다. 예를 들어 와인이나 비니거, 마음에 들었던 고마 폰즈 비니거(goma ponzu vinegar, 참깨와 유자가 첨가된 비니거로 일본에서 많이 먹는 소스의 한 종류 – 옮긴이) 등 일상 요리에서 쉽게 쓰는 재료 같은 것들이다.

　"이거 정말 맛있어서 나는 이것만 먹어."라며 요리 재료를 건네주면 상대방도 흥미를 느낀다. 때때로 나는 시장에서 찾은 맛있는 채소를 선물로 줄 때도 있다. 언젠가는 오랫동안 친하게 지냈던 의사 선생님에게

내가 애용하는 쇼도섬小豆島 특산물인 올리브 오일을
선물하니 매우 기뻐했다. 음식이나 요리 재료가 아닌
선물도 많이 한다. 노트나 반다나처럼 예쁜 물건을 보면
일단 사둔다. 내가 두고 써도 좋고 누군가에게 선물해도
좋으니까.

　그때그때 예쁜 물건을 사두면 갑작스럽게 상대에게
무엇인가 주고 싶지만 선물 고를 시간이 없을 때 도움이
된다.

　마지막으로 선물할 때는 포장이 중요하다. 포장은
무조건 예쁘게 하면 되는데 기술을 써서 포장할 생각은
안 해도 된다. 그저 예쁜 종이로 싸서 예쁜 끈을 달면
좋다. 거기에다 '진심어린 내 마음을 담아' '여기에 내
마음을 더하여' '항상 고맙습니다' 등 한 마디 인사말을
손글씨로 써주면 받은 사람의 마음도 따뜻해진다.

나는 항상 선물을 할 때 이렇게 내 식대로 마음을 담아
포장한다.

'아이티의 개'라고 부르는 오브제. 자연 재해로
큰 피해를 입은 아이티 사람들을 돕기 위해 현지 사람들이
재활용품을 소재로 만든 이런 오브제를 판매한다.
좋은 일에 쓰이는 물건이라는 것을 몰라도 일단 제품 자체가
예술적이고 아름답지 않은가. 예쁜 물건이니까 많이 사서
상대에게 하고픈 말을 적어두고 수시로 지인들에게
부담 없이 선물로 주면 좋다.

1 결혼 축하 선물. 르쿠르제LE CREUSET 냄비 안에다가 파슬리와 꽃을 넣어서 선물했다.

2 누군가의 집에 초대 받았다면 바구니에 채소와 과일을 담아가보자. 제철 아스파라거스가 많이 나올 때 포인트 색깔로 앵두와 리치를 섞어서 바구니에 담아 들고 가면 훌륭한 선물이 된다.

3 내 60번째 생일 파티에 와준 사람들에게 나누어준 답례품. 빨강 포장지 안에는 하트 모양의 손난로를 하나씩 넣었다.

4 화분을 선물할 때도 이왕이면 멋있는 바구니 안에 넣어서 나만의 스타일로 연출한다.

5 오일과 비니거(vinegar, 샐러드 드레싱에 자주 쓰는 서양식 식초— 옮긴이)도 실용적인 좋은 선물이다. 패턴이 예쁜 천이나 종이로 포장하고 한마디 인사말을 써 넣는다.

손글씨는 붓펜으로
분위기 있게

손글씨로 편지를 쓸 때, 또는 선물에 메시지를 쓸 때는 되도록 그 사람을 생각하며 떠올린 말을 쓰도록 하자. 누구에게나 할 수 있는 이야기 말고 그 사람한테만 해당되는 내용 말이다. 나는 그런 내용을 모두 붓으로 쓴다. 글을 그렇게 잘 쓰는 것은 아니지만 붓으로 글씨 쓰는 것은 매우 좋아한다.

예전에는 새해가 되면 큰 붓으로 글씨를 쓰곤 했지만 지금은 간단한 미니 서예 도구함이나 붓펜을 사용해서 올해의 목표를 쓰기도 한다. 미니 서예 도구함은 보기만 해도 깜찍하고 예쁘다. 큰 서예 도구함에 들어가는 모든 것을 미니어처 사이즈로 만들놓은 것인데, 서예 도구를 파는 전문점에 가면 다 있다. 마치 여행할 때 쉽게 가지고 가게끔 만들어놓은 휴대용 다기 세트와 같다.

붓펜은 츠타야(TSUTAYA, 일본의 유명 서점,

静
そして
動

문구류도 같이 판다 – 옮긴이)의 문방구 코너에서 산다. 교토에서 귀여운 펜 케이스에 들어가는 작은 붓펜을 발견한 적도 있다. 이렇게 작고 예쁜 문구를 발견할 때면 일본은 무엇이든 작고 예쁘게 만드는 재주가 있는 나라라는 생각이 든다.

얼마 전부터는 손글씨를 쓰는 일이 많이 줄었지만 직접 쓴 글자에는 그 사람에게서만 느껴지는 멋이 스며 나온다. 따라서 자기다움을 표현할 때 손글씨는 가장 좋은 방법이다. 직접 쓴 '고맙습니다.'라는 손 글씨에서는 말로 하는 것 이상의 마음이 상대에게 전해진다.

나한테 딱 맞는 시계를 찾아서

내 마음에 들었던 시계가 있었다. 굉장히 오래전에 세이코SEIKO에서 학생용으로 나온 검정색 시계였다. 그때 나는 학생도 아니었지만 그 시계가 너무 마음에 들어서 사고 말았다. 그 시계가 망가진 후에는 오랫동안 나한테 딱 맞는 시계를 찾을 수가 없었다.

어느 날 휴가 여행으로 떠났던 카리브해의 세인트크루아섬에서 작은 면세점에 우연히 들어가게 되었다. 그런데 그곳에서 옛날에 갖고 있던 검정 세이코 시계와 비슷한 모양의 시계가 나를 기다리고 있었다.

오메가Omega의 검정 시계였다. 그 시계 역시 여성용은 아니었다. 남들이 보면 투박하다고 할 정도의 모양이었지만 왠지 모르게 옛날부터 나는 이러한 남자 시계에 끌렸던 것 같다.

그렇게 남쪽의 작은 섬에서 사온 오메가 시계를

앞에 있는 것이 지금 내 손목에서 활약 중인 타이멕스.

그 뒤에 있는 것이 아직 버리지 못하고 있는 오메가.

이것 말고도 시계는 꽤 많이 갖고 있는데 옷에 따라서 바꿔 찬다.

그렇지만 가장 좋아하는 시계는 심플한 타이멕스뿐이다.

정말 좋아해서 정말 오랫동안 수리해서 사용하고 또
수리해서 사용하며 수십 년이나 몸에 지니고 있었다.
명품인 오메가에도 수명이 있었던 걸까? 시계를
수리해주던 아저씨도 포기한 지 10년이 지났다.
그럼에도 아직 오메가 시계를 버리지 못하고 계속 갖고
있던 나를 가엾게 여겼는지 남편이 새 시계를 사주었다.
그게 바로 지금 사용하는 검정색 타이멕스Timex
시계다.

난 타이멕스 시계도 정말 좋다. 나한테 정말 잘
어울리기 때문이다. 나는 시계 가격이나 브랜드, 혹은
지금 유행하는 시계인지 여부는 상관하지 않는다.
나한테 딱 맞는 시계인지 그것만 중요하다.

평소 옷차림이나 내 성격에도 검정색에 심플한
느낌의 시계가 딱 어울린다. 특정 스타일을 가진

물건과의 궁합은 시간이 많이 흘러도 의외로 잘 변하지
않는 것 같다.

언제 적이었을까? 분명 20대 초반이었을 텐데 그때 파리의 에르메스Hermès 본점에 처음 갔다. 오랫동안 동경해오던 브랜드인 에르메스였다. 워낙 비싸서 당시에 살 수 있는 물건은 없었지만 매장을 보는 것만으로도 즐거웠다. 가슴이 뛰었다. 유럽의 오랜 전통을 상징하는 브랜드니 말이다.

내가 살 수 있는 것이 없다고 생각하면서도 기쁨에 차서 매장의 물건을 하나하나 계속 바라보고 있었는데 문득 한 가지 아이템에 눈이 멈췄다. 사진 두 개를 끼울 수 있도록 빨간색 가죽으로 된 작은 휴대용 액자였다. 손바닥 안에 쏙 들어가는 작은 크기였고 그 아이템 정도면 내가 살 수 있는 가격이었다.

속으로 '와, 에르메스를 샀어!' 하고 생각했다. 생애 처음으로 산 에르메스 제품이었다.

유럽의 고급스러운 분위기가 물씬 풍기는 선명하고 붉은 가죽의 작은 프레임. 폴더를 열어보니 양쪽으로 사진을 끼울 수 있게 되어 있다. 소중하고 특별한 사진을 넣고 다닐 때 이 이상 멋진 액자가 있을까? 아니 없을 거야. 이건 내 보물이다.

그 뒤 파리에 갈 때마다 에르메스 본점에 들러서 그때그때 내가 살 수 있는 가격의 범위 안에서 스스로에게 선물을 한다. 작은 수첩이나 명함 지갑처럼 내가 살 수 있는 가격 안의 제품이 있으므로 내 보물이 계속 늘어나고 있다. 나는 명품 브랜드만 선호하는 사람이 절대 아니지만, 스스로를 위한 선물을 할 때는 최고의 만족감을 주는 것을 선호한다. 그것이 비싼 브랜드라도 최고의 만족감을 준다면 경험할 가치가 충분한 것 같다.

젊은 시절의 나와 남편, 그리고 반려견 그리.
에르메스 휴대용 액자에는 가장 소중한
사진을 넣어두었다.

즉흥적인 끌림으로 떠나는 여행의 맛

제목만 보고 나를 이상한 사람으로 생각하지 말길 바란다. 지극히 현실적인 이야기다. 최근 1, 2년 동안 물건을 살 때 마다 쇼도섬에서 난 것을 많이 샀다. 소면, 간장, 올리브 오일, 비니거, 소금, 쓰쿠다니(つくだに, 어패류, 채소, 김 등을 간장, 맛술, 설탕과 함께 졸인 일본식 보존 식품 – 옮긴이), 레몬즙 등 마음에 들어서 샀을 뿐인데 웬일인지 물건 하나하나가 모두 쇼도섬에서 나온 것들이었다.

그래서인지 쇼도섬은 꼭 한 번 가보고 싶다고 생각하던 곳이었는데 어느 날 갑자기 본가가 쇼도섬이라는 친구가 나타났다. 우리는 바로 "가자!" 하고 실제 쇼도섬으로 2016년 여름 바캉스를 떠났다. 기대처럼 정말 좋은 곳이었다. 공기가 좋고 햇빛이 쨍쨍 비추는 등 자연의 혜택을 듬뿍 입은 곳이다.

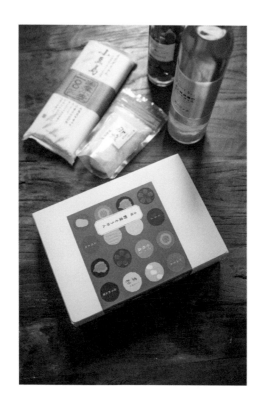

우리 집 부엌에 있는 '메이드 인 쇼도섬' 제품들.
(그중 일부다) 쇼도섬 특산물은 백화점 식품 매장이나
지방 특산물 가게에만 있었지만 최근에는 각종
잡화점에도 찾을 수 있다.

쇼도섬에 살고 있는 사람들도 다들 느긋한 마음을 갖고
사는 듯했다. 맛있는 식재료가 많이 나오는 이유가 있다.

쇼도섬에서 머물렀던 료칸의 요리도 각별했다.
지금도 잊히지 않을 정도로 맛있었다. 텔레비전 여행
채널이나 가이드북을 보고 갈 곳을 정하는 여행도
좋지만 일상생활에서 필요한 것들의 원산지를
찾아가보는 여행도 상당히 재미있다. '이 간장은
저곳에서 만드는 구나.'라고 생각하면 멀리 있는 땅과
멀리 있는 사람이 나와 연결되어 있다는 것을 느낀다.

어디를 가든지 짐은 가볍게

　　쇼도섬은 물론이고 교토에서 하룻밤을 잘 때도
나는 작은 여행 가방을 텅텅 비운 채로 가지고 간다.
국내 여행을 갈 때는 항상 작은 사이즈의 기내용
여행 가방만 들고 간다. 어렸을 때는 화려한 가죽
소재 보스턴백을 들고도 착착 잘 걸어다녔지만 이제
가죽 여행 가방은 무거워서 힘들다. 나이를 생각하면
아무래도 무리일 수밖에 없다.

　　무거운 가방을 어깨에 메면 금방 피곤해진다.
또 힘든 자세가 장시간 계속되면 어깨가 뭉치고 팔과
허리도 아프다. 거기에다가 옷의 라인도 망가져서
전체적으로 내가 멋지게 보이지 않는다. 씩씩하고
호탕하게 걸을 수 없다면 큰 숄더백과 보스턴백을
들고 걸을 때 절대 품위 있어 보이지 않는다. 여행에서
돌아오는 길에는 반드시 물건이 늘어나게 마련이라

큰 백을 어깨에 걸고 양손으로 여러 꾸러미를 들고
다니는 사람들이 많은데, 그런 사람들을 볼 때마다
'그렇게 무리하지 말고 가볍게 다니면 좋을 텐데.' 하고
생각한다.

　그 점에서 여행갈 때 가볍게 가는 것은 현명한
일이다. 가방을 비워서 떠나면 상쾌하게 걸을 수
있고 올 때 선물도 많이 넣을 수 있다. 내가 애용하는
여행 가방은 오렌지색의 캐주얼한 타입이다. 화려한
색일수록 공항에서 짐 찾을 때 금방 알아볼 수 있고
다니면서도 상쾌한 마음이 들어서 좋다.

내 물건들이
갈 곳을 정해 놓는다

　최근에 종활終活이라는 말이 자주 눈에 띄어
그 의미를 찾아보니 '인생의 끝을 위한 준비'라고 한다.
그렇게 보면 나도 이미 종활 활동을 하고 있다.

　한 친구가 세상을 떠났을 때였다. 친구에 대한
모든 정리를 해달라고 유족에게 부탁을 받은 적이
있다. 친구가 세상을 떠났을 때 남겨 둔 것들을 어디에
두어야 할지 무척 고민스러웠다. 특히 사진처럼 지극히
개인적인 물건들은 고인과 가족에게는 중요하지만 다른
사람 입장에서 보면 사실 필요 없는 물건이다. 그런 식의
물건들이 엄청 많다는 것을 당시에 통감했던 기억이
난다.

　그때 집으로 돌아와서 가장 먼저 했던 것이 그래서
사진 정리였다. 나조차도 10년이 훌쩍 지나도록 보지
않는 사진들이 엄청나게 많았다. 게다가 우리 부부는

아이가 없으므로 우리가 죽고 난 다음에 사진들을
정리할 사람은 짐작컨대 매우 곤란할 것이다. 그렇게
생각하니 액자에 넣어 장식으로 보는 사진 이외에 모든
사진들은 전부 쓰레기통에 버릴 수 있었다. 사진들을
다 정리하고 나니 70리터짜리 쓰레기봉투 다섯 개
분량이 나왔다. 내가 살아온 50년 동안의 기록이었다.

다행히 요즘은 컴퓨터 안에 수십 년 동안 찍은
사진을 바로 넣을 수가 있다. 바로 넣는 동시에 바로
없애는 것도 가능하니까 편리하다고 하면 편리하다.

우리 집에 있는 물건들에 대해서는 평소에 폴더를
만들어두고 관리한다. 파일명도 '물건이 갈 곳'으로
붙이고 누구에게 어떤 물건을 줄 것인지 써두었다.
물건의 주인을 찾아주는 과정은 간단하다.
우리 집에는 많은 사람들이 드나드는데 나는 놀러오는

사람들에게 "갖고 싶은 물건이 있으면 지금 이야기해도 돼."라고 말한다. 그래서 친구나 지인이 뭘 갖고 싶은지 이야기했을 때 '물건이 갈 곳' 폴더에 물건 주인을 적어두면 끝. 그렇게 해서 내가 이 세상과 작별을 고했을 때 그 물건이 친구나 지인에게 가는 구조다. 물론 갖고 싶다는 물건을 그 자리에서 주는 경우도 많다. 어쨌든 전부터 그 물건이 마음에 들었던 사람, 그 물건을 원하는 사람이라면 곱게 쓰고 오래도록 사랑해줄 거라는 생각이다.

컴퓨터 말고 금고에도 이런 내용을 명시하여 미리 써둔 문서를 넣어놓았다. '장례식은 하지 말고 계명(戒名, 죽은 이에게 붙여주는 법호)도 필요 없다. 쓸데없는 절차는 없었으면 좋겠다.'라는 간단한 내용이다. 이것으로 된 걸까? 나의 종활은 이 정도면 충분하다.

파리에서 남편이 갖고 온 철제 새장 오브제.
초도 꽂을 수 있게 되어 있다. 이것을 비롯해 우리 집의
철제 물건들은 친구인 패션 디자이너 마루야마 게이타에게
갈 것이다. 그런 식으로 우리 집 물건은 모두 갈 곳이 정해져 있다.

60대에는 어디에서 살면 좋을까?

지금 살고 있는 곳은 도심에 있는 4층짜리 건물이다.
1층은 주차장이고 건물 외부의 계단을 올라가면
2층 현관이 나온다. 2층에서 4층까지 아틀리에 겸
생활공간으로 사용하고 있다. 넓이는 150제곱미터
정도다. 임대 건물이지만 리폼이 가능한 매물을 찾았기
때문에 벽도 바닥도 좋아하는 색으로 칠하거나 무엇을
붙이거나 하는 식으로 내 집처럼 생활하고 있다.

나는 꽤 어릴 때 결혼한 편이다. 어느 날 50세가 된
남편이 "해외에서 사는 것이 꿈이었어."라고 했고
그 말을 들은 나는 이렇게 대답했다.

"그런 꿈이 있었다면 실현해야지. 그러지 않으면
후회할 거야."

내가 남편을 부추겼고 이후 남편은 10년 동안
캐나다의 한 섬에서 생활했다. 그 후에는 발리로 거처를

옮겨서 1년 반 동안 그곳에서 생활했다. 이런 생활이
길게 계속되었는데 건강했던 우리 부부도 나이가
드는지 몸이 갑자기 안 좋아지는 일이 생기기 시작했다.
그런 일이 있고 나자 요즘 우리 부부는 다음에는
어디에서 살지 신중하게 고민하고 있다.

이와 관련한 에피소드가 있다. 훨씬 전의 일이다.
친구인 그래픽 아티스트 마키 카호리가 재미있는
주제로 개인전을 열었다. 친구들에게 '내일 지구가
없어진다면 무엇을 할까?'라는 질문을 해서 돌아온
대답을 테마로 오브제를 만든다는 것이었다. 당시에
마키가 내게 한 말이 기억난다.

"역시 부부는 부부네."

나는 '멍하게 바다를 보고 싶다.'라고 대답했는데
글쎄 남편도 마키에게 완전히 같은 내용을 보냈다고

한다. 그런 일이 있고 나서 앞으로 어디에서 살지 고민하다 보면 '역시 바다 가까이!'라는 문장이 떠오른다. 생각이 떠오르면 행동하는 나. 최근에는 바다가 있는 쪽에 좋은 집이 있나 찾고 있다.

개를 안고 앉아 있는 남녀는 남편과 나다.
친구인 아티스트 마키 카호리가
자신의 개인전에서 전시한 오브제.

2

멋은 평생 내는 것!

여름이 되면 면바지에 맨발로

비치 샌들을 신고 바다로 간다.

그 모습을 생각하는 것만으로도 즐겁다.

멋을 내면 기분도 좋아진다.

시장갈 때 입는 옷, 요리할 때 입는 옷,

저녁때부터 자기 전까지

편하게 입는 옷, 외출할 때 입는 옷.

입고 싶은 옷을 차려입고 인생을 즐기자.

TPO에서 중요한 것은 상대의 시선

옷을 입을때 TPO를 무시해서는 안 된다. TPO는
시간Time, 장소Place, 상황Occasion의 줄임말로 말
그대로 시간과 장소와 상황에 맞는 옷차림을 해야
한다는 뜻이다. TPO 중에서도 가장 중요한 것은
관혼상제 때의 옷차림이다. 예를 들어 장례식에 갈 때
맨발로 가거나 샌들을 신거나 소매가 없는 원피스는
적절치 않다.

많은 사람들이 잘 모르는 것이 있는데 장례식에서는
본래 하얀 진주목걸이가 실례되는 차림이다. 실제로
하얀 진주는 축하하러 갈 때 어울리는 보석이다.
슬픔을 나누는 자리에 갈 때는 흑옥이나 흑진주 등
검은색의 액세서리를 하고 가는 것이 원래의 규칙이다.
그렇지만 이를 지키는 사람이 요즘은 거의 없는 듯하다.
본래의 TPO를 지키지 않을 거면 액세서리를 아예 안

하는 것이 낫다는 게 내 생각이다. 반면 축하하러 갈 때는 검은색 등 어두운 계열의 색상이 아닌 밝은 색의 옷을 입고 화려하게 차리고 가는 것이 좋다. 상대방의 기분을 더 좋게 해주는 TPO인 것이다.

TPO는 관혼상제에만 적용되는 것이 아니다. 일하러 가거나 연극을 보러 가거나 모임에 갈 때, 심지어 시장에 물건을 사러갈 때도 그에 맞는 적절한 옷차림을 하면 좋다. 우리는 매일 시간과 장소, 상황이 다른 경험을 하며 살지 않는가. 그러니 미리미리 생각하고 그에 맞는 옷을 고르면 좋지 않을까? TPO는 일종의 배려다. 나만 좋은 것이 아니라 그 장소에 함께 있는 사람을 배려하는 것이다. 그렇게 남을 배려하는 옷을 차려 입는 것 또한 멋을 아는 지혜일 것이다.

집에서 입는 옷까지 나답게 코디하기

우리 집은 일하는 장소이기도 하고 쉬는 장소이기도 하다. 두 가지를 한 장소에서 하니 편리하긴 하지만 근무 시간이 따로 없을 때가 많아서 시간을 구분하기가 힘들다. 옷을 만드는 직업은 보통 밤늦게까지 일을 하므로 더욱 그렇다. 지금은 나와 스태프들도 나이가 들어서 "이제는 일을 빨리 끝내자." 하고 합의하여 오전 열한 시부터 오후 여섯 시까지로 근무 시간을 정했다.

아침에 일어나면 샤워를 하고 일할 때 입는 옷으로 바로 갈아입는다. 외출할 예정이 없는 날도 마찬가지다. 일하다가 오후 다섯 시 반이 되어 슬슬 퇴근할 때가 되면 침실로 가서 홈웨어로 갈아입는다. 홈웨어지 잠옷이 아니다. 잠옷으로 갈아입을 때는 진짜 잘 때뿐.

겨울에는 홈웨어로 따뜻한 소재의 트레이닝복 상하의를 입는 날이 많다. 그리고 무릎을 덮는 용도로 커다란 스카프를 소파 주변에 항상 놓아둔다. 봄이나 가을이라면 상의는 가벼운 티셔츠 차림인데 쌀쌀할 땐 그 위에 얇은 후드티를 입거나 스카프를 두르곤 한다. 여름에는 시원한 원피스를 주로 입거나 복사뼈 보이는 길이의 얇은 트레이닝 바지에 민소매 티셔츠를 입는다. 에어컨으로 추울 때를 대비하여 얇은 카디건을 가까운 곳에 둔다.

저녁 다섯 시 반부터 'OFF 복장'으로 지내는 이 시간이 나에게는 무척 소중하다. 몸과 마음이 편해지는 옷을 입고 소소하게 요리를 만들어서 맛있게 저녁을 먹는다. 기분 좋은 음악을 듣기도 하고 좋아하는 책을 읽기도 하면서 정말 편안하게 쉬는 시간을 보낸다. 그리고 잠들기 직전 잠옷으로 갈아입고 침대에서 잠을 청한다. 하루의 생활 사이클을 생각하며 시간별로

적절하게 옷을 갈아입는 것도 일상을 다채롭게 보내는
데 중요한 역할을 한다.

집은 사비 젠틸의 아틀리에도 겸하고 있기 때문에
일하는 날에는 매일 아침 작업용 옷으로 갈아입는다.
작업용 옷이라고 해서 특별할 건 없다. 봄에는 면 셔츠에
레이온이 들어간 나긋나긋한 소재의 바지가 전부다.
집에서 일하지만 팔찌 같은 액세서리도 잊지 않는다.
스타일을 갖추고 있으면 갑자기 찾아온 손님들도
기분 좋게 맞이할 수 있다.

네크라인과 소매가 비대칭인
검은 원피스에 검은 바지.
검은색과 흰색의 콤비가 돋보이는
구두를 함께 코디하면 놀러가기에도
좋은 편한 차림인데도 시크함이 느껴진다.
식사 초대나 콘서트 등 외출할 때
이 옷을 자주 입는다.

옷 전체에 새와 꽃 모양 자수가 있는
디자이너 마루야 게이타의 코트.
심플한 셔츠와 바지에 그냥 걸치기만 해도
전체적인 옷차림이 화려해진다.
그의 전시회에 갈 때도 그가 디자인한
코트를 입고 그가 좋아하는 진주 목걸이를
몇 겹이나 두르고 외출했다.
이것이 진짜 TPO 아닐까.

작은 진주가 아름답다

50세가 지났을 즈음, 심플하고 작은 액세서리는 가능한 진짜 보석이었으면 좋겠다고 생각했다. 주변 친구들도 그렇게 하는 것 같았다. 진주라든가 작은 다이아몬드 반지나 금으로 된 귀고리 등을 갖고 싶단 생각이 들었는데 물론 내 키에 맞는 크기와 디자인이어야 좋다. 아무튼 작은 액세서리는 자기만족을 위한 용도다.

그중 눈에 띈 보석이 진주다. 진주는 크기가 다양하다. 어느 날 함께 일하는 스태프가 진주 액세서리를 하고 왔는데 전체적으로 진주만 눈에 크게 띄었다. 그녀가 입은 옷의 분위기에 비해 진주 귀고리 크기가 좀 큰 탓이었다. 캐주얼한 차림에 카디건을 입고 있었는데 그런 옷에는 작은 귀고리가 훨씬 잘 어울릴 터였다. 액세서리는 옷과 균형을 맞추어야 한다.

큰 진주는 파티나 격식 있는 자리 등 옷을 차려입고
갈 때 해야 어울린다. 그래야 옷이나 액세서리 양쪽이
다 살아난다.

작은 진주는 의외로 어디에나 잘 어울린다. 청바지를
입어도 진주는 잘 어울린다. 어느 날 항상 하고 다니는
진주 귀고리 한쪽이 없어져버렸다. 가장 작은 사이즈의
진주라 거의 매일 하다시피 하여 손이 바로 닿는
곳에 두었지만 잃어버린 것이었다. 어쨌든 잃어버린
진주는 더 이상 생각하지 않기로 하고 시부야에 있는
미키모토MIKIMOTO 매장에 새로운 진주를 사러 갔다.

그때 내가 샀던 것은 직경 4밀리미터의 귀고리였다.
더 작은 사이즈도 있는데, 그런 상품은 보통 매장에
진열해두지 않으므로 원하는 사이즈의 제품이 있는지
정확하게 물어보는 것이 좋다.

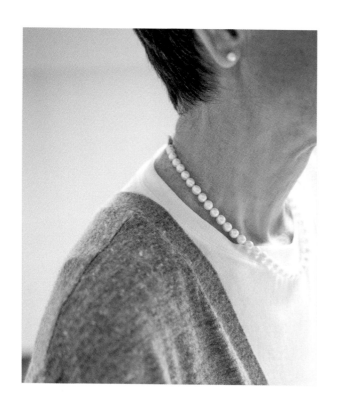

하얀 티셔츠와 그레이 카디건에도 잘 어울리는 진주.
평소에 자주 사용하는 진주가 있으면 좋다.
나한테 잘 맞는 사이즈를 신중하게 골라야 한다.

직접 물어보면 아주 작은 것부터 매우 큰 진주까지
다양하게 구경할 수 있다. 다행히 원하는 사이즈의
진주를 골랐는데 가격도 적당했다. 왠지 모르게 좋은
물건을 산 기분이 들었다.

자주 사용하는 진주는 나에게 딱 적당한 크기를
찾아둔다. 그렇게 하나 갖고 있으면 아무 때나 쓸 수
있어 매우 편리하다. 진주는 그렇게 사용할 수 있는 작은
액세서리다.

지난 계절의 옷은 침실의 스탠드 형 옷걸이에
따로 걸어둔다. 상자에 넣어두면
옷들이 겹겹이 쌓여 보기 안 좋다는
사람도 있고, 아무튼 그런 방식으로는
옷을 보관하고 싶지 않은 마음에서.

액세서리 백배 활용법

　진짜 보석을 작은 액세서리로 착용하긴 하지만
이미테이션 액세서리도 정말 좋아해서 꽤 많이
갖고 있다. 일본 여성들은 너무 점잖은 액세서리를
고르는 경향이 있다. 가느다란 체인에 참(charm,
팔찌나 목걸이에 매다는 작은 펜던트 — 옮긴이)을 건
액세서리를 하는 사람이 많은데 그것으로는 액세서리가
눈에 띄지 않는다. 있는지 없는지 알 수 없는 액세서리를
하면 의미가 없다.

　스웨터에 목걸이를 하면 그것이 외출 복장이라고
생각하는 사람들도 많다. 내 생각엔 그런 복장은 옷은
옷대로 따로 놀고 액세서리만 그 위에서 반짝반짝
존재를 주장하는 이상한 상황처럼 보인다. 액세서리는
옷과 잘 어울리도록 해야 한다.

　패션은 균형이다. 전체적으로 잘 어우러지는

가운데 액세서리가 효과적인 양념 역할을 하는 것이 이상적이다. 예를 들어 소매가 없는 옷을 입을 때 커다란 팔찌를 하면 포인트가 되어 매우 멋지다. 팔이 전부 드러나는 맨살 위에 팔찌가 딱 포인트가 되니 시선이 가고 멋져 보인다.

액세서리를 몸에 할 때, 액세서리를 주연으로 할지 옷을 주연으로 할지 생각해보고 균형감 있는 스타일을 만들어야 한다. 예를 들어 가느다란 목걸이와 가는 팔찌를 하는 경우라면, 여러 겹 겹쳐서 효과를 내보는 것이다.

목걸이나 팔찌를 폼나게 겹치는 법을 알아내려면 일단 여러 가지 방식으로 직접 겹쳐보는 수밖에 없다. 내가 좋아하는 장신구를 몇 개 겹쳐서 하면 내 기분도 좋고 보기에도 예쁘다.

여기에는 어떤 룰도 없다. 은과 금을 함께 안 하는
사람도 있지만 내 생각에 그런 것은 상관없다. 여러 가지
다양한 방법으로 겹쳐서 하다보면 어떻게 했을 때
잘 어울리는지 자연스럽게 발견할 수 있다. 액세서리를
멋지게 잘 활용해보자.

액세서리를 겹쳐서 하는 방법에는 특정한 규칙이 없다.
무조건 여러 가지를 겹쳐서 해보고 시도해보면
잘 어울리는 것을 발견할 수 있다.

몸매가 예뻐 보이는 소재 고르기

"이제 면으로 된 옷은 못 입겠어."라고 하자 주위에서 면 소재 옷을 못 입으면 어떡하느냐고 걱정부터 한다. 자세히 이야기하지 않은 탓도 있지만 실은 면으로 된 반팔 티셔츠를 못 입겠다는 뜻이었다. 어울리는 사람도 있겠지만 어쨌든 나에게는 어울리지 않는다고 생각했다. 나이나 체형 등 여러 가지 이유에서다.

면은 소재로만 보면 캐주얼에 해당하는데, 디자인에 따라서 캐주얼한데도 잘 어울리지 않는 옷이 분명 있다. 예를 들어 거리를 걸어가다 보면 청바지같이 보이는 면바지를 입고 있는 사람을 자주 보는데 내 눈에는 그 바지가 전혀 멋져 보이지 않는다. 원래부터 100퍼센트 면이든 100퍼센트 울이든 실이 굵으면 당연히 옷이 부해 보여서 살이 찐 것처럼 보인다. 그래서 같은 디자인의 옷이라도 100퍼센트 면으로 만들어져

있으면 레이온이나 실크, 폴리에스테르가 섞인 옷과는
첫 느낌이 완전히 다르다.

셔츠를 예를 들면, 면 100퍼센트 소재 셔츠의 경우
소재 자체가 뻣뻣한 느낌이 있기 때문에 첫 눈에 사람이
각져 보인다. 멀리서 보면 마치 상체가 사각형처럼
보일 정도다. 반면에 레이온, 실크, 폴리에스테르 등이
들어가 있는 소재는 원단이 아주 부드럽기 때문에
나긋나긋한 라인을 만들어준다. 그래서 레이온, 실크,
폴리에스테르가 들어간 소재는 얌전한 느낌을 준다.
뻣뻣한 느낌의 면 셔츠와 부드러워 보이는 혼방 셔츠를
떠올려보면 금방 이해가 될 것이다.

옷감은 깊이 있게 설명하려면 책 한 권도 모자랄
정도니 설명은 이쯤 해두고…… 같은 면이라도 실의
굵기나 옷감 짜는 방법에 따라서 실크 같은 광택이

나올 수도 있다. 그러니까 특정 옷감이 좋지 않다고
일률적으로 말할 수는 없다. 지금의 내 모습과 맞는지
안 맞는지 거울을 보면서 직접 확인해보는 것이
중요하다.

포인트는 옷을 살 때는 디자인과 마찬가지로 소재도
신경 써야 한다는 것. 이런 작은 과정이 멋쟁이가 되는
길이므로 즐기도록 해보자.

레이온은 실크와 비슷한 촉감과 광택이 있는 반면
비용이 저렴하다. 레이온으로 만들어진 옷을 입으면
몸의 실루엣이 예쁘게 보인다.

안경을
액세서리로
활용하려면

나에게 있어 안경은 이제 패션의 일부다. 액세서리와 마찬가지로 전체적인 코디에 큰 영향을 주는 매우 중요한 소품이다.

사실 나는 노안이 와서 안경을 썼을 때 매우 기뻤다. 근시가 없는 나는 어렸을 때 안경을 써본 적이 없었다. 시력 보정을 위해서가 아니라 가끔 멋을 부리기 위해 안경을 쓰기는 했다. 영화에서 여배우들이 새침하게 안경을 손으로 살짝 올리는 모습을 보고 "세련돼 보이네. 나이가 들어서 노안이 오면 나도 저렇게 할 수 있겠지." 하고 동경해왔을 정도다. 그러니까 노안이 와서 나는 운이 좋다고도 생각했다.

마흔 살이 넘었을 때 갑자기 가까운 글자가 뭉개지고 희미하게 보여 안경점에서 처음으로 시력 검사를 했고 안경을 만들었다. 안타깝게도 당시에는 예쁜 안경이 전혀 없었다. '외국에서는 빨간색이나 흰색처럼 포인트가 되는 예쁜 노안경을 쓰는 사람이 많던데 왜 없지?' 하고 아쉬워하며 외국에 갈 때마다 선명한 색깔이나 독특하고 예쁜 디자인의 안경을 사오곤 했다. 덕분에 정말 다양한 종류의 안경을 쓰며 돌아다녔다. 물론 지금도 그렇게 돌아다니고 있지만.

안경을 많이 갖고 있는 만큼 집 여기저기에 두고 필요할 때마다 그곳에 있는 안경을 쓴다. 그리고 정장을 입을 때, 파티에 갈 때 등 옷에 맞춰서도 각각 다른 안경을 쓴다. 지금은 일본에도 멋진 안경이 많이 나오고 있다. 요즘 나는 패션의 일부로서 안경 쓰는 것을 더욱 즐기고 있다. 눈이 나빠졌다고 탄식하지 않고 노안을 긍정적으로 생각할 수 있어 더 기분이 좋다.

가방 속은 예쁜 케이스로 정리한다

거리를 걷고 있으면 백을 마치 짊어진 느낌으로 무겁게 들고 가는 사람을 볼 수 있다. 그 안에는 도대체 무엇이 있을까? 나는 이런 식으로 쓸데없는 걱정을 하곤 한다. 큰 가방을 갖고 다니면 지갑 하나 찾는 것도 정말 큰일이 될 것이다. 가방이 무거우면 자세가 나빠진다. 힘이 남아도는 어린 시절이라면 모르겠지만 무거운 가방은 이제 나에게는 어울리지 않는다.

각자 항상 가지고 다니는 물건이 어느 정도 정해져 있을 것이다. 우리 회사 스태프와 나는 가방 속 물건을 꺼내어 서로 본 적이 있다. 공통적으로 지갑, 동전 지갑, 안경, 손수건, 티슈 케이스, 메모장, 담배 케이스 등이 들어 있었다. 화장을 하는 스태프 가방에 화장품 파우치가 더 들어 있을 뿐, 나머지 물건은 나와 거의 똑같았다.

외출할 때 항상 물건이 많이 필요한 것은 아니다.
지금 내 가방 속을 한 번 점검해보는 것이 어떨까?
나는 지갑이나 각종 케이스를 전부 다른 색으로 했는데
찾기도 좋고 보기에도 즐겁다. 나이가 들면 가방 안은
화려할수록 좋다.

내 가방 속에 있는 물건들. 모두 케이스로 정리한다.
맨 윗줄에 오렌지색 정사각형 에르메스 동전 지갑,
그 오른쪽으로 두꺼운 검은색 이단 지갑,
빨갛고 길쭉한 안경 케이스. 안경 케이스 왼쪽으로
차례로 갈색의 명함 지갑과 립스틱을 넣고 다니는
표범무늬 케이스. 맨 아랫줄은 왼쪽부터 차례로 담배 케이스,
가죽으로 만든 휴대용 재떨이, 표범무늬 티슈 케이스와
손수건, 그리고 빨간 가죽으로 된 정사각형 모양의 수첩.

가방 크기는 반드시 거울로 확인할 것

가방은 몸과 전체적으로 균형을 이루는 것이
중요하다. 그런데 의외로 사람들은 이 균형에 별로
신경을 쓰지 않는다.

예전 파리의 에르메스 매장에서 이런 체험을 했다.
백팩을 보고 있었는데 사이즈가 큰 것과 작은 것이
있었다. 큰 가방은 나의 몸에는 너무 큰 사이즈였다.
그럼에도 당시에는 큰 가방을 떠메고 다니는 느낌으로
가지고 다닌다면 의외로 멋이 나고 분명 잘 어울릴
것이라고 생각했다. 그래서 큰 가방을 사려고 했는데
나이 지긋한 가게 점원이 조용히 내게 와서 말했다.

"고객님 키에는 작은 사이즈가 균형이 잘 맞습니다."

그렇다는 걸 모르는 게 아니었으므로 일부러 큰
사이즈의 가방을 찾는 거라고 내 의사 표현을 했다.

"거울을 보세요."

그 점원은 정중하고도 위엄 있게 나를 거울 앞으로 이끌었고 거울 속의 나를 객관적으로 보니 확실하게 작은 백팩이 내 키에 맞아 균형감이 좋아 보였다. 거울로 내 모습을 보자마자 바로 그에게 설득당한 것이었다. 그렇게 작은 가방을 샀고 그 가방을 일 년 내내 애용했다. 별 말 없이 그저 "거울을 보세요." 하고 조용하게 이야기했던 그의 목소리가 계속 귀에 남아 있는 듯하다.

패션은 머리부터 발끝까지 전체의 균형이라고 항상 말하던 나였다. 그러나 쇼핑의 순간, 잠깐 그 생각을 잊었던 것 같다. 가방 역시 전체적인 내 신체 비율과 균형이 맞아야 한다고 다시금 생각했다.

거리를 걷는 사람을 보면 가끔 옷에 맞지 않는 가방을 갖고 있는 사람이 있다.

큰 문제는 아니지만 조금만 신경 쓰면 좋겠단 생각이다.
생각보다 가방과 옷과 균형에 둔감한 사람들이 많다.

　나는 에코백이나 나일론 소재의 장바구니 같은
가방을 들지 않는다는 나만의 룰을 지키고 있다.
요즘은 예쁜 그림이나 세련된 디자인의 에코백도 많은
줄은 알지만 에코백은 어디까지나 가방의 보조가방으로
쓰이던 것이다. 본래 에코백은 짐이 늘어났을 때 짐을
임시로 담아오던 용도로 쓰던 것이지 캐주얼한 가방
대신으로 쓰는 것이 아니다.

　물건을 샀을 때 에코백에 넣어주면 왠지 덤으로
가방을 하나 더 얻는 것 같기도 하여 기분이 좋다.
그런데 그렇게 받기만 하다보면 에코백이 계속
늘어난다. 그래서 나는 다른 사람에게 물건을 줄 때
똑같이 에코백에 담아서 주곤 한다.

이것이 일명 '슈퍼백'.
잠깐 어디 나갈 때
갖고 다니기 좋은 아이템이다.

집 근처에 나갈 때는 특히 내가 좋아하는 가방을
갖고 간다. 내가 애용하는 것은 통칭 '슈퍼백'으로
불리는 가방인데, 사비 젠틸에서 만들었던 제품으로
슈퍼마켓에서 쓰는 비닐봉지 모양이어서 그렇게 이름
붙였다. 지갑과 핸드폰, 티슈 등 외출할 때 필요한
최소한의 물건을 넣고 가볍게 걸어 다니는 데 딱 맞는
크기다. 부드러운 가죽으로 만들어서 저렴해 보이지
않고 손에 들기도 익숙해서 좋다. 가방을 집에 걸어
두기만 해도 예쁘다. 누구나 편하게 갖고 다니기에
딱 좋은 가방이다.

옷 입는 방법에 따라
내 모습이 달라진다

중년이 되어도 면 티셔츠가 어울리는 사람, 작업복만
입어도 멋지게 보이는 사람이 있다. 그런 사람들은
무엇이 다른가 하고 생각해보면 마음이 다르다는 것을
알 수 있다. '바로 이 옷이야. 어서 입어보자.' 이런
젊은 마음만 있으면 사람도 옷도 변한다. 옷을 입고
싶다는 마음이 들어가면 저절로 등이 쫙 펴진다. 평범한
티셔츠도 멋지게 보인다. 반대로 '마음엔 안 들지만
이거라도 입어볼까…….' 하는 마음으로 옷을 입으면
다른 사람들이 보기에도 그저 그렇다. 신기한 일이다.

지금 당장 입고 싶다는 생각이 들지 않으면
100퍼센트 마음에 드는 옷이 아니다. 사람들은
단순하다. 입어보고 싶은 옷을 사고 신어보고 싶은
신발을 산다. 여름에 입는 옷을 봄에 미리 샀다면
'아, 이 옷 빨리 입고 싶다.' '빨리 걸쳐봤으면 좋겠다.'

이런 마음이 들어 내내 두근두근할 것이다.

그 두근거리는 느낌을 간직할 수 있는 멋쟁이들은

나이와 상관없이 옷 입는 것이 항상 즐겁고 기쁘다.

　패션에는 나이가 관계없다. 내가 지금 입고 싶다고

생각하는 옷을 차례차례 입으면 된다. 물론 옷에

따라서는 도전하는 마음이 필요한 옷도 있다.

예를 들어 나이가 좀 있는 사람이 마음에 드는 데님

재킷을 발견했다. 보는 즉시 단순하게 '입고 싶다'고

생각하면 그냥 입으면 된다. 그런데 입어보고는 싶지만

'난 입을 수 없다'고 생각하면 그 시점에서 데님 재킷은

그 사람과 이미 어울리지 않는 옷이 되어버린다. 이럴 땐

끝까지 입지 않는 것이 낫다.

　입어보고 싶다는 마음만 있으면 나중에는 그 옷을

나한테 어울리도록 여러 가지로 코디하여 입을 수 있다.

그때는 거울과 씨름을 하면서 혼자서 패션쇼를 실컷
해보는 과정이 필요하다. 그래야 자신감 있게 그 옷을
코디하는 방법을 찾아낼 수 있다. 그리고 외출할 때
당당해질 수 있다.

옷 입는 방법에 따라서 옷이 다르게 보인다는 사실을
명심하자. 예를 들어 재킷은 목 뒤가 재킷의 깃과 딱
맞지 않으면 전체적인 룩이 깔끔해 보이지 않는다.
재킷을 입을 때 그래서 옷을 앞으로 당겨 목 뒤가 재킷에
딱 닿도록 하고 깃이 들뜨지 않게 해야 한다. 목과 깃이
들뜨면 아무리 좋은 재킷을 입어도 멋져 보이지 않는다.

나이가 좀 있다면 재킷을 입을 때 가끔 뒤쪽 깃을
세워보는 것도 좋다. 허리 근처의 중간 단추만 잠그고
재킷이 자연스럽게 벌어지는 모양으로 입는 것도
나쁘지 않다.

그럴 때 재킷 속에 좋은 소재의 캐미솔을 입어주면
굉장히 성숙하고 품위 있는 차림새가 된다. 혹은 재킷
안에 스카프를 묶지 말고 V자로 늘어뜨리는 착장도
좋다. 이렇게 입으면 재킷의 딱딱한 이미지가 많이
바뀐다. 그러니까 재킷 하나도 여러 가지로 입는 방법을
연습해야 한다. 몇 살이 되든 새로운 스타일로 옷을
입어보는 도전 정신이 중요하다.

비옷이 있으면
비오는 날도 즐겁다

최근들어 보기에도 멋진 긴 장화가 많이 나오고 있다. 그래서인지 비오는 날, 긴 장화를 신고 다니는 사람이 꽤 많아졌다. 나도 웨스턴 부츠 모양에 끌려서 긴 장화를 산 적이 있다. 그런데 신는 순간 바람이 통하지 않아서인지 발이 화끈거리는 느낌이 들어서 곧 신지 않게 되었고 다른 사람에게 주었다. 이후 부드러운 비닐 소재의 귀여운 플랫슈즈를 발견해서 그것을 비오는 날 장화 대신 신고 있다.

한편 비옷은 여러 벌 갖고 있다. 하나 궁금한 건, 장화는 많이 신으면서 사람들은 왜 비옷을 입지 않을까 하는 사실이다. 비옷이 있으면 비오는 날이 정말 즐거워진다. 사실 멋진 비옷은 해외에 더 많긴 하다. 작년에는 자라ZARA에서 새하얀 비옷을 발견, 그렇게 많은데도 불구하고 또 충동구매를 하고 말았다.

'새하얀'이라는 생각만 해도 기분이 좋은 걸 어쩔 수가
없었다. 옷의 폭은 좁지만 여미지 않으면 자전거도 탈
수 있다. 유럽에서 산 표범무늬 비옷도 정말 좋아한다.
찢어지면 수선하기를 반복하며 계속 입고 있다. 후드가
달린 비옷도 즐겨 입는다. 우산을 좋아하지 않아서
비가 많이 내리지 않는 날이면 비옷만 입고 우산 없이
외출한다.

100엔 숍에서 파는 비옷마저 실용적이고 좋으니
나는 진짜 비옷을 좋아하는 것 같다. 이밖에도 전신을
덮는 망토 타입의 비옷도 갖고 있는데 비오는 날
반려견과 산책할 때 도움이 된다.

한번 입어보면 매우 실용적이라 다들 좋아할
텐데…… 다른 사람들도 한번 입어봤으면 좋겠다.

3

기분 좋은 생활은
제대로 먹는 것부터

먹는 것이 몸을 만든다.

먹는 것이 마음도 만든다.

혼자서 밥을 먹을 때나

둘이서 밥을 먹을 때나

여럿이 밥을 먹을 때도

밥 먹는 그때그때가

즐거운 시간이기를 바란다.

테이블까지 맛있게 보이도록

꾸미는 것은 일상에서 제일 크게

창의력을 발휘할 수 있는 부분이다.

제철 과일을 항상 준비해둔다

아침식사로 과일을 넣은 요구르트를 먹기 때문에
부엌에는 항상 과일이 있다. 싱싱한 제철 과일을 먹기
좋게 큼직큼직하게 잘라서 커다란 카페오레 볼에 넣고
요구르트를 듬뿍 부어 먹는다. 아침에 과일을 먹으면
'오늘 하루도 열심히 살아보자.' 하는 마음이 들면서
기운도 나도 머리에도 몸에도 에너지를 보충하는
느낌이 든다.

비타민C는 몸에 쌓이지 않고 매일 일정량만
몸에 흡수된다고 한다. 그래서 과일을 부지런히
먹어두는 것이 좋다는 이야기를 들었다. 포도, 복숭아,
무화과 등 좋아하는 과일을 제철에 맘껏 먹으면 되지만
과일이 별로 없는 계절도 있다. 그럴 때는 부엌에 항상
바나나를 걸어 놓는다. 바나나는 바닥에 두면
그 부분이 검게 변하기 때문에 매달아놓는 것이 좋다.

모양도, 색도 예뻐서 바나나가 어느 새 우리 집 부엌의
트레이드마크가 되었다.

　자몽도 1년 내내 먹을 수 있는 과일이다.
옛날에 캐나다에 살던 작은아버지가 오렌지를 상자
째 보내주신 적이 있는데 그 상자 안에 오렌지 까는
칼이 함께 있었다. 오렌지를 벗길 때 정말 편리하게
썼는데 어느 날 갑자기 없어지는 바람에 어쩔 수
없이 인터넷으로 검색을 해서 새 부리 모양의 새로운
오렌지칼을 산 적이 있다. 모양도 엄청 예쁘다.

　이것을 사용해서 우리 집에서는 자몽 껍질을 싹싹
벗긴 다음 알맹이만 밀폐 용기에 넣어둔다. 냉장고에
껍질 벗긴 자몽을 보관하면 정말 편하다. 샐러드에
넣기도 하고 요구르트에 넣기도 하고 오며 가며 그냥
먹기도 한다.

바나나는 우리 집 부엌의 트레이드마크.
바나나를 매달고 있는 S자 후크는
앤틱풍의 화려한 것을 사용한다.

손쉽게 비타민을 내어주는 고마운 과일이다. 약을
먹는 사람은 자몽을 주의해야 한다고 하지만.(자몽은
고지혈증 약의 혈중 농도를 상승시키는 부작용을
초래할 수 있다 – 옮긴이)

껍질을 벗긴 자몽은 투명한 유리 밀폐 용기에 넣어서
냉장고에 넣는다. 색이 변하지 않는 과일은 잘라서
냉장고에 담아둔다. 수박도 잘라서 넣어두면 주스를
쉽게 만들 수 있다. 포도도 미리미리 꼭지를 잘라두면
손님이 왔을 때 바로 내갈 수 있다.

이것이 인터넷에서 찾은 오렌지칼.
자몽 등의 감귤류의 껍질을 까는 데 사용한다.
과일 껍질을 까거나 씨를 빼는 일은
보통 귀찮은 일이 아니다. 그런데도 이 오렌지칼이
너무 예뻐서 자꾸 과일 껍질을 벗기게 된다.
정말 아끼는 물건.

예쁘고 먹기 좋은 나만의 과일 플레이팅

우리 집에는 계속 누군가가 찾아온다. 아틀리에 공사를 하고 있기 때문에 일하는 관계자도 자주 오고 친구들도 자주 들른다.

"근처에 왔어." "음식을 많이 만들어서 좀 갖다 주려고."

이런 말을 하면서 약속 없이 찾아오는 친구들이 많다. 나는 물론 "어서 와. 어서 와." 하면서 반긴다. 이렇게 누군가가 찾아오면 수다가 시작되고 차와 함께 먹을 수 있는 것을 찾게 되는데 그럴 때 딱 좋은 것이 바로 과일이다. 과일은 부엌에 항상 준비해두는 것이기에 바로 내올 수 있고 웬만해선 호불호가 없다. 항상 챙겨먹기 쉬운 게 아니어서 과일이 나오면 모두 기뻐한다. "와! 색깔 예쁘다." 이렇게 말하면서 모든 사람들이 감격한다.

나는 사과를 아주 얇게 써는 편이다. 얇게 저며서
부채처럼 큰 접시 위에 펼쳐놓는다. 이렇게 하면 먹기
쉽고 보기에도 좋다. 수다를 떨다가 손으로 자연스럽게
사과를 집어먹다보면 순식간에 사라진다.

보통 손님한테 접대할 때는 껍질을 까서 잘라놓고 포크
등을 함께 내지만 나는 물수건을 함께 놓고 "손으로 집어
드세요."라고 내 식으로 접대를 한다. 생선포를 뜨듯
사과를 아주 얇게 저며서 내놓으면 의외로 사람들이
쉽게 잘 집어먹는다. 껍질째 먹게 되어 영양학적으로도
좋다.

포도를 좋아하는 나는 포도의 계절이 되면 정말
즐겁다. 청포도나 적포도 등 여러 종류의 포도를
왕창 사와서 알알이 잘라내어 밀폐 용기에 종류별로
넣어둔다.

우리 집에서 차를 내는 방식.
작은 유리 접시에 포도와 견과류를 담아낸다.
그 밑의 나무 판은 옛날 화과자 틀.
앤티크 시장에서 맘에 드는 것을 찾았다.
이런 요소들 때문에 테이블 위가 즐거워진다.

사과를 반으로 자르고 가운데 심을 잘라서 껍질 째 얇고 잘게 자른다.
부채 모양으로 펼쳐서 큰 접시에 담아내는 것만으로도 항상 보던
평범한 사과가 화려한 과일이 된다. 이쑤시개를 같이 내기도 하는데
친구들은 대개 그냥 손으로 집어먹는다.

한 알씩 따로따로 떼어낸 포도를 2~3종류씩 같이 담아내는 것이 내 스타일.
이렇게 내면 일단 모양이 예쁘다. 과일과 접시가 하나의 그림이 되어서 좋다.
이 접시는 태국에서 산 건데 그래서인지 이국적인 느낌이 묻어나온다.

손님이 왔을 때 포도를 종류별로 섞어서 큰 접시에 내면
구슬처럼 보기에도 무척 예쁘다. 포도 종류에 따라서
신맛이 강하게 나기도 하고 달기도 하고 또 향기도
제각각 달라서 한 알씩 입에 넣을 때마다 맛이 달라지는
것을 즐길 수 있다. 일 때문에 만나는 사람들과 잠깐
분위기를 즐기고 싶을 때는 작은 접시에 포도나 딸기 등
작은 과일 몇 알을 차와 함께 내면 좋다.

과일은 색깔이 아름답기 때문에 과일을 자르는
방법이나 플레이팅 방법에 따라서 정말 훌륭한 간식이
된다. 손님용으로 접대할 맛있는 케이크를 항상
준비해놓을 수는 없는 법. 그러니까 편하게 낼 수 있고
건강에도 좋은 과일을 준비해놓으면 좋다.

식탁보가 부리는 마법

어느 날 몸이 안 좋아서 집에 있었더니
친구가 와서 식사를 차려준다고 했다. 주변에 요리를
잘하는 친구가 많은데 나한테는 고마운 일이기도
하고 운 좋은 일이기도 하다. 친구가 모처럼 왔으니까
준비하는 것만이라도 도와주어야겠다고 생각해서
선반에서 밝은 색의 면 식탁보를 꺼냈다. 나무 식탁 위에
식탁보를 펼치고 접시를 올려서 세팅을 해두었더니
친구가 "식탁 바꿨니?"라고 묻는 게 아닌가. 나는 웃으며
대답했다.

"몇 번이나 우리 집에 왔잖아. 무슨 말을 하는 거야."

식탁보가 마법을 부린 것이다. 우리 집에서는
일본식, 이탈리아식, 샌드위치, 나베 요리 등 식사
종류에 따라서, 또 식사에 초대된 사람 수에 따라서
식탁보와 세팅을 바꾼다.

나는 식탁 위도 예쁘게 꾸미는 것을 무척 좋아한다.

식탁보의 힘은 정말 위대하다. 항상 그 자리에 있는 식탁과 항상 똑같은 모습을 한 다이닝룸의 분위기를 새롭게 바꿔준다. 식탁 위가 변하면 식사를 하는 기분도 변한다. 익숙한 내 집인데도 신선한 기분이 들고 요리도 맛있게 보인다. 그래서 다양한 식탁보 사용을 적극 추천한다. 이렇게 이야기를 하면 항상 이런 말을 듣는다.

"식탁보는 어디서 사?"

일본에서는 식탁보를 사용하는 습관이 별로 없어서 파는 곳도 별로 없다. 그래서 나는 외국에 가면 식탁보를 꼭 사오곤 한다. 요즘에는 원단 가게에 가서 마음에 드는 천을 사다가 직접 만들기도 한다. 식탁보는 사실 커다란 천 조각이다. 원단 가게에 가서 1미터 당 300엔 (약 3,000원) 정도에 파는 천을 사면 충분하다.

좋은 천을 발견하면 나는 즉시 사두는 편이다.

마 소재의 천은 200센티미터 폭이면 충분하고

면 소재의 천은 112센티미터 폭이면 충분하다. 소재에

따라 적절한 폭을 알아두면 식탁보를 만들 때 편리하다.

식탁의 폭은 대부분 90센티미터 정도기 때문에 이 폭을

넘는 천을 사면 얼마든지 식탁보로 쓸 수 있다. 테두리만

재봉틀로 박아주면 완성이다.

　어렵게 생각하지 말고 보자기든 침대 커버든 마음에

드는 천을 식탁보로 사용하면 된다. 식탁을 전부 덮지

않아도 좋다. "오늘은 카레를 할 거니까 상아색이 도는

인도 천을 써야지." 하고 자유롭게 테이블세팅을 즐기면

된다.

마음에 쏙 드는 물방울무늬 식탁보는
이케아IKEA에서 산 천의 테두리를
박음질한 것이다. 식탁이 본래
짙은 원목 소재인데 이렇게 식탁보
한 장이면 밝은 분위기로 변신한다.
더불어서 컬러풀한 접시는 피에스타
Fiesta 라는 미국 브랜드 제품이다.
색감이 너무 예뻐서 옛날부터
애용했던 그릇이다.

식탁 바로 옆에 각종 식탁보를 넣어둔 장이 있다.
런천 매트(luncheon mat, 1인용 테이블매트—옮긴이)도
이 안에 넣어둔다. 식탁보만 넣는 장이 있을 정도로
우리 집에서는 테이블 위를 예쁘게 꾸민다는 것이 철칙.

냄비 가득 채소 수프를!

나는 채소와 과일만 제대로 먹을 수 있다면 일단 안심한다. 그렇게 생각하는 경향이 있다. 물론 단백질도 필요하다는 걸 알지만 채소와 과일이 일단 몸속을 정리해주는 느낌을 받는다. 남편이 해외 생활을 한 지 꽤 오래되었기 때문에 결혼 후 절반은 혼자 산 셈인데 그래서 혼자서 밥을 먹는 횟수가 압도적으로 많다. 그렇다고 도시락이랑 반찬을 맨날 사서 먹을 수가 없어서 가능한 내가 먹는 것은 직접 만들고 있다.

혼자서 먹는 거니까 효율적으로 머리를 써야 한다. 냄비에 채소를 가득 넣어 끓이는 채소 수프를 자주 만들어 먹는다. 부엌에 그때그때 있는 채소, 예를 들어 양파, 감자, 당근, 고구마, 샐러리, 순무, 양배추 등을 큼직큼직하게 썰고 맛을 내기 위해 베이컨도 조금 넣는다. 거기에 콩소메(consommé, 프랑스식

냄비 가득 채소 수프가 있으면 내일은
토마토 수프를 만들고 그다음 날은
카레를 넣어 매일매일 맛있게 먹을 수 있다.

맑은 수프 – 옮긴이) 가루도 조금 넣고 물로 보글보글
끓이기만 하면 된다.

　처음에는 그대로 먹고 두 번째 먹을 때는 작은
냄비에 먹을 만큼 덜어서 옮긴 다음, 그 안에 다진
토마토를 넣는다. 그렇게 하면 토마토 수프가 된다.
세 번째 먹을 때는 카레 가루와 고기를 넣어서
아예 카레로 만든다. 마지막으로는 밥을 넣어서
오지야(おじや, 채소나 어패류 등을 잘게 썰어 넣고
된장 혹은 간장으로 간을 맞추어 끓인 죽 – 옮긴이)로
만들어 먹는다. 이렇게 하면 오랫동안 질리지 않고
건강하게 먹을 수가 있다.

　　혼자서 쓰는 부엌이지만 나는 식품을 많이 저장하는
편이다. 조미료도 여러 가지를 모아놓고
찐 콩팩을 한 번에 열 봉지씩 아마존AMAZON에서
정기적으로 주문한다. 찐 콩은 톳과 함께 먹어도 좋고
여러 가지
찜 요리, 수프, 샐러드 등에 넣어 먹을 수 있어 편리하다.
　　채소도 주말에 열리는 시장에 가면 좀처럼 구하기
어려운 채소부터 갓 수확한 신선한 채소까지 종류가
많기 때문에 바구니에 가득 사온다. 나는 새로운 채소를
시험 삼아 먹어보는 것을 아주 좋아한다. 사온 채소를
냉장고에 넣다 보면 얼마 안 있다가 채소 칸이 매우
어수선해지고 냉장고 바닥도 더러워지기 쉽다.
그럴 땐 백화점 식품 매장에서 주는 종이 봉지를
활용해서 냉장고의 채소 칸에 활용한다.

백화점에서 물건을 살 때 주는 종이 봉지를
냉장고의 채소 칸 정리할 때 사용한다.
위에 손잡이 부분을 잘라서 사용하면 끝.

아침 텔레비전 방송에서 소개한 것을 흉내내본 것인데
실제로도 정말 편리했다.

　종이 봉지로는 밀랍을 바른 것이 가장 좋은데 그것이
없으면 그냥 집에 있는 아무 종이 봉지를 써도 된다.
손잡이 부분은 필요가 없기 때문에 가위로 잘라버린다.
종이 봉지에 채소를 종류별로 세워서 넣을 수 있기
때문에 보기에도 깔끔하고 공간도 효율적으로 정리할
수 있다. 위에서 보면 한눈에 어떤 채소가 부족한지
알 수 있어서 매우 편하다. 또한 종이 봉지가 더러워지면
바로 버릴 수 있으니 깔끔하다.

싱크대 문에
이름표를 붙인다

나는 조미료를 싱크대 수납장 안에 넣지 않고
조리대에 꺼내둔다. 간장, 맛술, 식초, 오일 등 액체
조미료는 세트처럼 뚜껑이 있는 병으로 다 옮겨서
보관한다. 소금과 설탕 역시 봉지째 보관하지 않고
플라스틱 뚜껑이 있는 세트 용기에 나란히 옮겨 담아서
조리대에 진열한다. 나는 이렇게 보기에 좋은 수납을
선호한다.

기본 조미료를 놓은 조리대 아래 수납장에는
기본 조미료를 옮겨 담기 전의 본래 용기들을 넣어둔다.
다시마와 건어물, 찐 콩, 토마토소스 등도 이곳에
보관한다.

수납장 문이 낮은 위치에 있으므로 매번 무릎을
굽혀서 안에 있는 것을 꺼내기가 불편하기 때문에
문 안쪽에 남은 식재료는 라벨을 만들어 위쪽에 붙이고

그 아래쪽에는 없는 식재료의 라벨을 만들어 붙였더니
고개를 쑥 들이미는 수고 없이도 어떤 재료가 있고 또
없는지 쉽게 알 수 있게 되었다.

　라벨은 마스킹 테이프를 쓰기 때문에 손으로
간단하게 잘라서 뗄 수 있다. 흰색 마스킹 테이프를
찍 하고 잘라서 그 위에 재료 이름을 써서 붙이면 끝.
이렇게 한 번만 수고를 하면 물건을 많이 사지 않게
된다. 또 필요한 물건이 무엇인지도 금방 알 수가 있다.
식품을 허투루 낭비하지 않고 알뜰히 먹을 수 있는
지혜다.

깔끔한 고기 보관법

　혼자서 식사를 많이 하기 때문에 냉동 저장을 할 때 특히 이것저것 꼼꼼하게 챙긴다. 고기를 사온 날도 '오늘이나 내일은 먹지 않을 거야.'라고 생각하면 모두 냉동실로 직행이다. 그럴 땐 한 번만 더 수고를 하면 나중에 꺼내 먹을 때 아주 편리하다. 예를 들어 얇게 썬 고기를 냉동할 때는 이렇게 하면 된다.

　먼저 비닐랩을 깔고 얇게 썬 고기를 한 장 올린다. 그 위에 다시 비닐랩을 깔고 얇게 썬 고기를 또 한 장 올린다. 이런 식으로 비닐랩과 고기를 샌드위치처럼 차례로 포갠다. 그런 다음 공기를 빼고 지퍼백에 넣어 냉동실에 넣는다.

　나는 항상 고기를 이런 식으로 판을 만들어 냉동시킨다. 샤브샤브용 고기, 안심을 얇게 저민 것, 먹다 남은 고기를 보관할 때도 다 이런 방식이다.

이 방법은 사용할 만큼만 떼어낼 수 있어서 정말 좋다.
혼자서 밥을 먹으니까 고기를 조금만 꺼내서 채소와
함께 쪄서 먹곤 하는데 고기가 따로 따로 포장돼 있어서
비닐랩을 벗기기만 하면 되니 무척 편하고 깔끔하다.
꺼내놓기만 하면 해동도 빠르다. 장을 보고 나서
몇 분 동안만 수고롭게 작업하면 나중에 식재료를 쉽게
사용할 수 있다. 이 냉동법은 식구 수가 적은 가정에서
꼭 실천했으면 좋겠다.

　생선도 이런 식으로 평평하게 만들어 냉동해둔다.
어느 날 지인이 고등어를 30마리나 보내줘서 기쁜
비명을 지른 적이 있다. 그때도 바로 여섯 마리를
반 토막씩 비닐랩으로 확실하게 싸서 지퍼백에 넣고
나머지는 부지런히 다른 사람에게 나누어주었다.

이렇게 냉동해두면 정말 편리하다.

1 지퍼백에 들어가는 사이즈로
   비닐랩을 깔고 그 위에 얇게 저민
   고기를 한 장씩 깐다.
2 고기 위에 비닐랩을 씌우고
   가볍게 손으로 눌러서 정돈한다.
3 비닐랩 위에 또 고기를
   한 장씩 올린다. 가능한 공기가
   들어갈 틈이 생기지 않도록 한다.
4 고기 위에 비닐랩을 씌운다.
   이런 식으로 반복해서
   비닐랩과 고기를 겹친다.
5 고기를 다 올렸으면 손바닥으로
   눌러서 비닐랩을 밀착시키고
   지퍼백에 넣는다.
6 지퍼백 안의 공기를 확실히 뺀다.
7 냉동실로 직행.

이렇게 판 모양으로 냉동을 해 두면
세로로 세워둘 수 있으므로
냉동고 공간을 줄일 수 있다.

통째로 냉동시키면 해동에 시간이 걸리고 조리할 때도 불편하다. 그러나 반 토막씩 냉동하면 그대로 프라이팬에서 구워서 먹을 수 있다.

냉동은 기본적으로 '바로 사용할 수 있는 상태'로 해두어야 편하다. 그래야 나처럼 혼자 밥을 먹는 사람이 다양하면서도 균형 있게 식사를 할 수 있다.

대나무 찜기로 할 수 있는 것들

　지금은 인터넷으로 직접 만든 자기만의 레시피를 올리는 사람이 많아서인지 요리하는 사람은 모두 요리 연구가처럼 되어버렸다.

　크게 손을 대지 않아도 채소나 생선, 고기는 재료 자체로 충분히 맛있다. 그래서 복잡한 조리로 품이나 시간을 들이지 않고 간단하게 먹을 수 있다면 그것이 가장 좋은 요리 방법이라고 생각한다. 재료가 신선하면 굽고 찌고 삶기만 해도 충분히 맛있다. 그 중에서 내가 정말 좋아하고 또 잘하는 것이 찜 요리다.

　찜 요리를 할 때 나는 대나무 찜기를 즐겨 사용하는데, 혼자 밥을 먹을 때도 많은 사람이 함께 먹을 때도 찜기에 다양한 채소만 넣으면 훌륭한 요리가 된다. 가끔 조개나 소금과 후추만 살짝 뿌린 닭고기, 돼지고기를 넣어서 찌기도 한다.

혼자서 밥 먹을 때 딱 맞는 가장 작은 사이즈의 찜기.
크기는 작지만 3단으로 되어 있어서 동시에
3가지 재료를 찔 수 있으니까 굉장히 편하다.
냄비랑 세트인 대나무 찜기는 중국 식재료 전문점이나
갓파바시(合羽橋, 도쿄의 주방용품 거리-옮긴이)의 상점,
혹은 간단하게 인터넷에서 살 수 있다.

우리 집 찜 요리의 특징은 컬러풀한 채소가 많다는 것.
한 가지 맛만 먹으면 질릴 수 있기 때문에 고마폰즈 비니거를
세 종류 정도 준비해둔다. 소금 또한 히말라야 소금 등
다양한 종류를 먹어볼 것을 추천한다.

재료를 먹기 좋게 잘라서 찌기만 하면 무엇이든
맛있게 먹을 수 있으므로 이렇게 편하고 기분 좋은
조리법이 없다.

게다가 대나무 찜기는 그대로 식탁에 내놓아도
멋진 그림을 만들어준다. 음식은 눈으로도 먹는 것이기
때문에 음식을 차려내는 방법에도 신경을 써야 한다.
나는 혼자서 밥을 먹을 때 식탁보를 깔고 좋아하는 일본
전통 그릇을 꺼내서 멋진 식탁을 꾸민다. 이렇게 하면
식사할 때 만족감이 다르다.

최소 시간에
밥과 반찬 만들기

지탄가마(じたんがま, 뚝배기 형태로 된 1인용 밥솥 – 옮긴이)를 알고 있는가? 이 밥솥은 쇼핑 친구인 히로타 마사야에게 선물 받았다. 한 명이나 두 명이서 생활하는 집이라면 이 밥솥을 적극 추천한다. 친구들에게도 시간이 날 때마다 추천하는 아이템이다.

지탄가마는 토기 모양으로 생긴 이중 구조의 작은 돌냄비인데 크기가 작아서 자리를 많이 차지하지 않는다. 이름 그대로 (한자로는 時短釜라고 하며 시간을 줄이는 밥솥이라는 뜻이다 – 옮긴이) 밥 짓는 시간이 짧고 방법도 간단하다. 불 위에 올려놓고 5분만 있다가 불을 끄고 그냥 내버려둔다. 귀찮게 불 조절을 할 필요가 없다. 그렇게만 해도 돌솥으로 밥을 지은 듯 밥맛이 정말 좋아진다.

밥 짓는 동안에
반찬 만들기.

1~2인분에 특화된 지탄가마(제일 윗줄 2, 3번째사진)는 쉽게 구입 가능하다.

이날 내 밥상에는 고등어 소금구이, 무 간 것, 데친 브로콜리, 완두콩. 시금치나물,

오크라가 들어간 나토, 바지락 된장국, 밥, 그리고 채소 한가득.

밥을 할 때 나는 한 번에 두 공기 분량을 만들어서
하나는 먹고 다른 하나는 냉동실에 보관한다. 일단 쌀을
씻어서 지탄가마에 넣고 냄비 안쪽에 표시된 선까지
물을 붓는다. 안쪽 뚜껑과 바깥 뚜껑을 덮고 그대로 30분
불린다.

이 30분 동안 나는 빠르게 반찬과 된장국 준비를
한다. 오크라를 잘라서 낫토에 섞고 무를 갈아둔 다음
청경채를 씻어서 데칠 물을 불에 올린다. 고등어에도
소금을 뿌린다. 냄비에 바지락과 물을 넣고 뚜껑을 닫고
불을 켠다. 반찬 준비를 하며 30분이 지나면 지탄가마를
중불에 올려놓는다. 5분만 있으면 뜨거운 김이 나는데,
김이 나면 불을 끄고 그대로 20분 동안 두면 된다.
이 20분 동안 반찬 준비를 끝낸다. 프라이팬에 고등어를
굽고 청경채를 데치고 바지락 물이 끓는 냄비에

된장을 푼다. 이렇게 20분간 밥을 뜸 들이는 동안
반찬을 전부 다 만들 수 있다. 밥이 다 되면 지탄가마를
식탁으로 옮겨놓고 반찬을 그릇에 담은 다음 "맛있게
먹겠습니다."라고 말하고 식사 시작.

　나이가 들면서 일본 음식이 점점 더 좋아진다.
일식은 기름을 별로 사용하지 않아서 건강에 좋고
채소를 많이 먹을 수 있는 매력이 크다. 프라이팬
하나로 만들 수 있는 덮밥 등 한 그릇 음식과 달리 일본
음식은 자질구레하게 손이 많이 가긴 하지만 나처럼
시간을 쪼개면 빠른 시간 안에 식사를 쉽게 차릴 수
있다. 자투리 시간에 반찬 준비를 잘해두면 부엌 일이
순조롭다. 시간 계산을 하며 머리도 쓰게 되니 여러모로
좋다. 혼자서도 제대로 된 밥을 먹는 것이 건강과 활력을
지키는 비결이다.

때로는 프라이팬 그대로 식탁에

　휴일에는 천천히 여유를 즐기면서 브런치를 먹는데
특히 날씨가 좋으면 옥상에서 밥을 먹을 때가 있다.
그럴 때 오믈렛을 만들어서 프라이팬 통째로 테이블에
위에 놓으면 더 맛있는 것 같다. 식탁 예절에 어긋난다는
사람도 있지만 요리해서 바로 먹는 편리함에 비할 수
있을까? 그릇에 예쁘게 담아내는 것과 다르게, 색다르게
맛있는 느낌이 난다. 매일 먹는 아침식사인데도 마치
캠핑을 온 것처럼 특별한 느낌을 주어 설레기까지 한다.
프라이팬 그대로 먹으면 음식이 잘 식지도 않는다.
　옥상에서 식사를 할 때 나는 야외 소풍용 식탁보를
준비한다. 기분 좋게 밥을 먹기 위한 나만의 철칙.
식당이 아닌 곳에서 밥을 먹을 때도 즐겁고 우아하게
먹어야 한다.

예쁜 주전자는 항상 좋다

부엌에 있는 시간을 참 좋아한다. 우리 집 부엌은 천장으로 빛이 잘 들어와서 부엌에 있으면 일단 무척 기분이 좋아진다. 이밖에도 부엌을 좋아하는 또 다른 특별한 이유가 있다. 내가 좋아하는 물건으로 장식했고 또 내가 좋아하는 물건을 가득 수납한 곳이라서 부엌에 있으면 자연스럽게 즐거워진다.

최근의 라이프 스타일 트렌드인 미니멀리즘은 집에 있는 물건을 많이 줄이고 있는 물건도 수납장 속에 숨겨서 마치 아무것도 없는 것처럼 집을 유지하는 것인데 나는 좀 다르다. 좋아하는 것들을 항상 곁에 두고 자주 보고 싶어 하는 나 같은 사람도 있다. 내가 좋아하는 물건은 나만의 개성을 잘 표현해준다. 물건은 내 집에서 나 자신을 잘 표현해주는 중요한 요소라고 생각한다.

우리 집 부엌에서 가장 눈에 띄는 존재는 아마도 주전자일 것이다. 가스레인지 위에 항상 올려놓기 때문인데 마음에 쏙 드는 디자인의 주전자를 발견하는 것은 정말 어려운 일이다. 결혼한 지 얼마 되지 않았을 때 나무 손잡이가 달린 둥근 모양의 주전자를 벼룩시장에서 발견했다. '와, 정말 맘에 드는 것을 찾았어!'라고 생각했다. 아르데코 양식의 멋진 디자인이었는데 본체는 두꺼운 알루미늄으로 되어 있었다. 하도 써서 그런지 나무 손잡이 부분을 태워먹고 말았는데 그때는 정말 울고 싶은 마음을 억누르고 주전자를 버릴 수밖에 없었다.

그때 런던에 살던 친구가 "이걸 발견했어."라며 가지고 온 것이 지금 사용하고 있는 주전자다.(오른쪽 사진) 전에 쓰던 것과 똑같은 디자인이라 일명

'주전자 2세'라 할 만했다. 매일 쓰다가 손잡이가
타버리면 어떡하나 걱정했는데 마침 그 즈음 좋은
전기포트가 나와서 이 주전자는 가끔만 사용하고 있다.
마음에 드는 모양이라 지금도 항상 가스레인지 위 가장
잘 보이는 곳에 놓고 있다. 오래오래 사용하고 싶어서
아끼고 아껴 많이 사용하지 않는다.

테마가 있는
즐거운 식사 모임

　　맛있는 것을 먹는 것은 모두가 좋아하지만 그렇다고 유명한 가게의 음식만 내내 먹다 보면 따분하고 지루하다.

　　내 경험에서 말하면 '맛있다'에 '즐겁다'나 '멋지다' '분위기가 무르익다' '색다르다' 등의 느낌이 더해지면 그 식사 자리는 초대된 손님들에게 깊은 인상을 줄 수 있다. 모두가 즐거워하는 시간을 만들면 초대한 입장에서도 기분이 매우 좋다. 우리 집에서는 매년 '어서 와, 가을! 잘 가, 여름!'이라는 이름의 식사 모임을 갖는다. 모임의 이름을 듣고 왜 이런 모임을 만들었을까 생각할 수도 있다. 그렇게 생각했다면 이 모임은 일단 성공이다. 호기심이 들면서도 왠지 재미있을 것 같은 식사 모임이라는 인상을 주고 싶었기 때문이다.

　　이 식사 모임에서는 가을 미각을 느끼게 하는 밤밥과

여름 미각을 느끼게 하는 히야얏코(ひやっこ, 두부를
냉수로 차게 하여 간장과 양념을 섞는 요리 — 옮긴이)를
동시에 즐긴다. 일본에서는 예로부터 새로운 계절을
맞이하고 지난 계절을 보내는 것을 큰 일로 여기곤
했다. 계절에 앞서가는 음식을 귀하게 생각하고 계절이
끝나는 음식 재료를 사랑하는 것이다. 그런 일본 전통의
감성을 재현한 식사 모임이라고 할 수 있다.

생밤을 사서 껍질을 까고 정성스럽게 밤밥을
짓는다. 히야얏코는 내가 무척 좋아하는 두부 회사에서
여러 가지 색깔의 두부를 주문하여 사 먹곤 했다.
유감스럽지만 요새는 그 두부를 더 이상 주문해서 먹을
수가 없다. 맛 좋아 보이는 노란색 밤밥을 큰 그릇에
가득 담고 색이 다채로운 두부를 내놓으면 사람들이
기분 좋아하면서 식사를 즐겼었다.

　　사람들을 식사에 초대할 거라면 독특하고 재미있는
테마를 정해보자. 초대하는 쪽도 초대받는 쪽도 모두
즐거운 마음으로 뭉칠 수 있다. 테마에 따라 식탁을
어떻게 꾸밀지 아이디어도 솟아오르고 결국엔 단순한
식사 모임이 아니라 하나의 풍성한 이벤트가 된다.

　　사람을 집으로 초대하는 것을 부담스러워하지
말고 연륜 있는 사람의 즐거움으로 생각하자.
즐거운 시간을 얼마나 많이, 자주 보낼 수 있는지에 따라
인생의 풍요로움이 달라진다. 다른 사람과 똑같은 것을
하지 않아도 되고 다른 사람의 눈을 신경 쓰지 않는다.
이것이 내가 인생을 즐기며 사는 가장 큰 비결이다.

**깜직한 도구가 있으면
먹는 일이 더 즐거워진다!**

키위를 반으로 잘라서 이 도구 위에 올려놓고
쓱 누른 다음 휙 회전시키면 껍질도 벗겨지고
먹기 쉽게 4등분으로 나누어진다.
남편이 발견해서 갖고 왔다.

반원 모양으로 자른 레몬을 안에 넣고
레버를 내리면 레몬즙이 쭉 나온다.
새부리에서 레몬즙이 나오게 되어 있다.
정말 모양이 귀엽다.

디자인도 예쁘고 사용하기 편하다.
포크와 스푼의 옆면이 얇은 가위 날로 되어 있어서
크기가 큰 채소를 잘라서 담기 좋다. 예전에
사비 젠틸에서 팔던 것으로 지금도 도쿄의
소품 편집숍인 달튼DULTON에서 구입 가능.

병따개는 언젠가 사라질 도구일지도 모른다. 병따개로
열어야 할 뚜껑이 달린 병이 점점 없어지기 때문.
기능이 단순한 만큼 병따개는 첫눈에 보았을 때
예쁜 것이 좋다. 이것은 미국에서 발견한 병따개로
우리 집 부엌의 아이돌 같은 존재다. 어디에 있든
눈에 띄는 모양이라 필요할 때 바로 찾을 수 있다.

마늘을 넣어서 빙글빙글 굴리기만 해도
껍질이 벗겨지는 신기한 도구.
마늘은 껍질을 깐 상태에서 냉동해두면
길게 보관할 수 있고 냉동고에서
꺼내자마자 바로 사용할 수 있어서 좋다.

스위스 주방용품 브랜드인 질리스zyilss의
병따개 도구. 벌써 30년 가까이 쓰고 있다.
병뚜껑 부분에 철제 줄의 크기를 조정하면서
맞춘 다음 휙 하고 핸들을 돌리면 아무리
단단하게 닫힌 뚜껑도 쉽게 열 수 있다.
손목 힘이 약한 사람들에게 딱 좋은
필수 아이템.

나는 에펠탑 모양의 용기를 모아서
소금, 후추, 혹은 주방 세제를 넣어둔다.
사진처럼 에펠탑 모양의 강판도 있다.
식탁에서 바로 치즈를 갈 때 쓰면 좋다.
우리 집 부엌에는 에펠탑이 가득하다.

우아하게 차를 마시는 시간

중국에도 일본처럼 하루에도 몇 번이고 차를 마시는 습관이 있다. 상하이에 갔을 때 마침 편리하게 차를 마실 수 있는 찻잔이 있길래 얼른 사왔다. 머그컵처럼 생긴 큰 찻잔으로 도기로 만들어진 것이다. 찻잔 안에는 찻잎을 거를 수 있도록 도기로 된 작은 거름망이 있고 뚜껑도 있다. 찻잎을 거름망에 넣은 뒤 뜨거운 물을 붓고 뚜껑을 덮어 뜸을 들이면 끝.

찻잔 말고도 상하이에서 눈에 띈 것이 바로 티포트였다. 가게에서 일하는 사람들 옆에 티포트가 하나씩 있던 모습이 기억 난다.

티포트는 몸통이 유리로 되어 있는데 겉으로 보기엔 작은 보온병 같은 모양을 하고 있다. 찻잎을 넣고 뜨거운 물을 부으면 찻잎이 알아서 걸러져서 바로 마실 수 있도록 되어 있다. 휴대도 간편해서 '하나 있으면

편하겠다' 싶었지만 생각만 하고 사지 않았는데,
이게 웬일인가! 지인이 내 생일 선물로 이 티포트를
보내온 것이 아닌가!

평소 일을 할 때나 잠깐 차를 마실 때 항상 이 중국제
티포트를 사용한다. 티포트에서 차를 직접 우릴 수도
있지만 나는 사기로 만든 찻주전자에서 차를 먼저
끓이고 티포트에 옮겨 붓고 가지고 다니면서 거실,
아틀리에, 침실, 베란다 등등 여기저기에서 마신다.

최근 일본에서는 편의점에서 페트병으로 마시는
인스턴트 차가 유행처럼 되었는데 왠지 씁쓸한 기분이
든다. 좋아하는 찻잎으로 직접 끓인 차를 천천히
마셔보자. 본래 차를 우려 마시는 이유는 따뜻함을
느끼는 시간을 느끼기 위함이다.

들고 다니기에 편한 티포트.
몸통이 유리로 되어 있어서 뜨거운 물을 부으면
차가 우러나는 것을 눈으로 즐길 수 있다.

맛있는 고기를 굽는 시간

1년에 몇 번씩 고향 시마네현에서 시마네 소고기를
주문한다. 시마네 소고기는 마블링이 선명하고 맛이
좋다. 식탁에서 바로 음식을 조리하며 먹는 일이
거의 없는 우리 집이지만 소고기가 도착했을 때는
다르다. 소고기를 부엌에서 굽고 식탁으로 옮기면
그 사이에 식어서 맛이 떨어지기 때문이다.
식탁에서 막 구운 고기를 입에 넣어야 제 맛이다.
이렇게 먹는 것이 소고기를 최고로 잘 먹는 방법이다.

여러 사람이 함께 먹을 때는 전기식 고기 불판을
사용한다. 고기 구울 때는 불판이 진짜 중요한데
이와타니Iwatani 제품이 휴대용 가스를 장착시켜서
사용하는 가스식 불판으로 그중 가장 훌륭하다.

고기 먹는 날의 우리 집 식탁 풍경은 이렇다.
얇게 저민 시마네 소고기, 물기를 쪽 뺀 두부, 둥글게 썬

양파, 버섯이나 시금치 등의 채소를 준비한다. 조미료는
버터, 소금, 후추가 전부. 그 외 찍어먹는 소스로는
무 간 것, 고마 폰즈, 소금과 와사비를 쓴다. 술은 당연히
레드 와인을 준비한다.

　불판에 기름을 두르고 먼저 양파를 굽는다.
항상 양파를 제일 먼저 굽는다. 그래야 양파가
구워지면서 단 맛도 나오고 쓸데없는 고기 기름도
제거해준다. 그러고 나서 고기를 한 점 한 점 굽는다.
버터를 잘라서 올려놓고 가볍게 소금 후추를
뿌린 다음 빠르게 구워서 소스를 찍어 먹는다. 고기를
어느 정도 먹으면 버섯과 채소, 두부를 구워 먹은 다음
다시 고기를 굽는 순서로 먹는다.

　채소는 한꺼번에 식탁에 내놓지 않는다. 썰어놓은
채소를 테이블 위에 많이 늘어놓는 것은 아무래도

바람직하지 않다. 수분이 마르기도 하고 신선도가
떨어질 수 있다. 그리고 채소는 많이 남기면 처치가
곤란하기도 하다. 때문에 접시에 가득 쌓아둔 것을
다 먹으면 그때 추가적으로 부엌에서 새로 썬 것을
가지고 온다.

맛있는 고기를 먹는 날이면 늘 그렇듯이 남편이
고기를 굽는다. 남편은 능숙하게 고기를 구워 옆에
앉은 사람부터 차례로 나눠준다. 마치 아버지처럼
그날 식탁에 앉은 모든 사람의 접시에 고기를 구워서
올려준다. 우리 집에서 고기 먹는 날은 모두에게 즐겁고
맛있는 시간으로 기억된다.

불판에서 고기를 굽거나 휴대용 버너를 가운데 두고
찌개를 끓일 때는 아프리카 스타일의 식탁보를 사용하는 일이 많다.
왠지 어울린다. 조리용 발처럼 생긴 대나무 런천매트는
사람이 많을 때는 반으로도 접어서 사용할 수 있어 편리하다.

4

즐거움은 항상
가까이에 있다

오래 살다 보면 좋은 날도 있고

그렇지 않은 날도 있다.

기분이 별로인 날도 있고

몸 상태가 안 좋은 날도 있다.

나한테 힘을 주는 것은 결국 나밖에 없다.

아름다운 것을 보고 가슴이 두근두근 뛰는 삶.

나는 지금 "이 정도면 괜찮지 않나." 하는

의식주를 즐기며 산다.

기쁨은 내가 직접 발견하는 것이다.

시선을 바꾸면 일상 속에서도

소소한 기쁨을 발견할 수 있다.

재스민으로 나누는 행복

이 집에 이사 왔을 때 외부 계단 쪽 화단에 재스민을
심었다. 처음 사왔을 때는 자그마한 화분이었는데
어린 재스민 넝쿨이 쭉쭉 뻗어나가더니 어느새 계단을
따라서 점점 무성해졌다. 뿌듯한 기분이 들었다.
재스민은 볕이 잘 들지 않는 곳에서도 쑥쑥 잘 자라는
식물이다. 봄부터 가을에 걸쳐서 향기를 내뿜으며
새하얀 꽃을 피우니 고맙다.

그러다 어느 날 갑자기 머릿속에서 번뜩 생각이
떠올랐고 바로 재스민 가지를 잘라서 병에 넣어 부엌
싱크대에 올려두었다. 작은 병이었지만 초록색 식물이
부엌에 있으니까 기분이 좋아졌다. 공기마저 상쾌하게
느껴졌고 부엌일을 하다가도 잠깐씩 재스민을 보면서
눈을 쉴 수 있어서 좋았다. 얼마 지나지 않아 재스민
줄기에서 뿌리가 나왔다.

계단 바깥쪽에서 무성하게 자란
재스민의 줄기를 잘라서 병에
꽂아두었더니 실내에서도 쑥쑥 자랐다.
보기에도 얼마나 예쁜가?

"이거 엄청나네!" 하고 기쁜 마음에 본격적으로 길러보기로 했다.

이왕 병에 담아서 기를 거라면 아무래도 예쁜 병이 좋을 것 같아서 마침 집에 있던 감귤주스 병이 몇 개 있어 옮겨 심었다. 재스민을 하나씩 심은 병을 부엌에 놓았더니 새롭게 인테리어를 한 듯 신선한 느낌이 들었다.

재스민은 잘 기르면 꺾꽂이로도 개체 수를 늘릴 수 있다고 한다. 재스민을 심은 병째 친구들에게 나누어 주었더니 정말 좋아했다. 작은 재스민 하나로 꽤 많은 것을 얻은 기분이었다. 소소한 일상 속에서 나를 행복하게 만들어주는 것을 발견한 셈이다.

지금 살고 있는 집은 세든 집이다. 세 들어
살 집이지만 구할 때 리폼이 가능한 집을 찾았다.
내 마음대로 내장 인테리어를 할 수 있는 곳이 필요했다.
이 집에 들어올 때도 내가 전면적으로 리폼했다.
우선 1층에서 3층까지 층마다, 방마다 테마 컬러를
정해서 벽의 색을 다르게 했다. 1층은 오프화이트
(off-white, 약간의 미색을 띤 흰색 – 옮긴이), 2층 욕실과
화장실은 애플그린, 3층은 오렌지색으로 칠했다.

벽의 색을 바꾸면 방의 분위기가 확 달라진다.
일본의 주택은 대부분 벽 색깔이 베이지여서 색을 느낄
수 없다. 과감하게 벽을 밝은 색으로 칠하면 정서적으로
정말 좋다. 특히 빛이 별로 들지 않는 어두운 방이라면
예쁜 색으로 마음껏 페인트칠을 해보자.

이 집으로 이사 오면서 벽에 칠할 페인트를 세심하게

골랐다. 페인트 색을 전문적으로 잘 아는 가게 주인에게
여러 가지 색을 추천받기도 했다. 그렇게 우리 부부가
벽에 칠할 페인트를 직접 결정했고 일하는 사람들을
도와주면서 우리도 함께 벽을 칠했다. 그러다 작년에는
남편과 둘이서 한 번 벽을 칠해보았다. 못 할 것 없다는
생각으로 2층 아틀리에 벽 일부를 다시 칠한 것이다.

　　나이가 들면서 나는 일도 많이 줄였다.
나이 들어서까지 일을 무리해서 하고 싶지 않고 그저
즐겁게 오래 살고 싶어서였다. 그런 생각에
5년 전부터 사비 젠틸의 일을 서서히 줄여나갔다.
2015년 7월, 스태프는 나를 포함해서 딱 둘만 남았고
그 참에 아틀리에의 이미지를 바꾸고 싶다고 생각했다.
주저하지 않고 바로 벽을 새로 색칠하기로 했다.
프랑스에서 자주 볼 수 있는 프렌치 블루로 결정했고

도큐핸즈(東急ハンズ, 일본의 유명 인테리어 및 생활
잡화점－옮긴이)에 가서 블루와 화이트, 옐로우색
페인트를 사왔다. 색을 조금씩 섞어가며 칠하고 싶은
색이 나오도록 조합했다.

그렇게 만든 프렌치 블루로 아틀리에 벽을 칠했다.
그 벽에 자나 빗자루 같은 도구를 걸어두었더니 마치
파리에 있는 한 아틀리에 느낌이 났다. 바라던 바대로
아니 그 이상으로 잘 만들어졌다. 벽에 페인트를 칠하는
작업은 생각보다 그렇게 힘든 작업이 아니었다. 층마다
벽 색깔이 다른 것을 보고 이사 나갈 때 어떻게 하느냐고
걱정하는 사람들이 있다. 집 주인이 이대로는 안 된다고
한다면 벽을 다시 하얗게 칠하면 그만이다.

일상 속에서 무엇인가를 바꾸고 싶을 때가 한 번쯤은
있을 것이다. 그렇다면 벽 색깔을 바꾸는 것이 의외로

빠른 방법이다.

　쭉 같은 공간에 있는 것이 질리지 않는가? 자신만의 생활 스타일과 기분에 따라서 지내는 것이 좋다. 용기를 내서 도전해보길.

아틀리에 벽 한쪽을 포인트 색으로 칠했더니
멋지게 변신. 보기에도 시원한 프렌치 블루다.
그래서인지 왠지 프랑스 느낌이 물씬 난다.

파머스 마켓과 골동품 시장에서의 설렘

주말이면 집 근처 고쿠렌대학교 앞에서 파머스 마켓이 열린다. 일본 각지에서 직접 채소나 과일, 차를 재배하는 사람들이 부스를 설치해서 파는 장터다. 나는 매주 이곳으로 외출을 한다. 이곳에서 파는 채소나 과일이 무척 맛있기 때문이다. 파머스 마켓의 개점 시간은 오전 열 시.

그 시간에 딱 맞춰 도착할 수 있게끔 시간을 계산하여 집에서 나온다. 제 시간에 도착하지 않으면 물건이 전부 팔리기 때문에 주의해야 한다. 시장에 갈 때는 청바지를 입고 큰 바구니를 든다. 여러 번 강조했지만 패션은 때와 장소에 따라서 적당하게 입는 것이 중요하다. 파머스 마켓에서 쇼핑하기를 좋아하는 내 기분이 더욱 좋아지는 옷을 골라 입는다.

진귀한 채소와 버섯이 있으면 "이게 뭐예요?"라고

파는 사람에게 물어본다.

맛있게 먹을 수 있는 조리 방법을 듣기도 한다.

파머스 마켓에서는 생산자와 직접 말할 수 있어서 좋다.

그러다가 때로는 너무 많이 사버릴 때도 있는데 그래도

좋다. 아무튼 시장은 새로운 맛을 만날 수 있는 장소다.

　　직접 골라서 배합할 수 있는 입욕제를 파는 가게도

있다. 쑥, 별꽃, 양미역취 등 여러 가지 허브를 건조시켜

봉지에 넣은 것을 한 봉지 당 400엔(약 4,000원)에

판다. 가게 주인이 "봉지에 꽉꽉 채워 넣으세요."라고

말해주니 고맙고 더 즐겁다. 목욕할 때 이 입욕제를

넣으면 몸이 정말 매끈매끈해진다. 주변 사람들에게

선물로 주면 사람들이 엄청 기뻐할 것이다.

바구니 가득 채소를 사서 돌아오면 그 뒤 며칠 동안은

식탁이 풍성해지는 날이 계속 된다.

가끔 골동품 시장을 돌아다닐 때도 있다.

한 번은 다이칸야마의 츠타야 주차장에서 골동품 시장이 열린 적이 있다. 1년에 두 번 열린다고 했는데 가까운 곳에서 이런 시장이 열리는 것을 전혀 몰랐다. 알았으면 돈을 가지고 왔을 텐데. 그날 돈을 가져오지 않은 것을 안타까워하면서 물건을 구경했던 기억이 난다.

엄청 큰 책상까지 나와 있고 꽤 그럴듯한 골동품이 많았다. 하필 그날따라 돈을 갖고 가지 않았다. '사지 말라는 뜻이겠지.' '우리 집에 오고 싶다고 외치는 물건이 있으면 그때는 어떻게 하지?' 이런 갈등이 마음속에서 요동치는 것을 느끼며 설렁설렁 돌아다녔다. 그날 결국 하나를 사긴 했는데 오래된 열쇠였다. 가격은 800엔(약 8,000원)이었다.

돌아와서 키홀더로 만들었는데 쓰기에 굉장히 좋다.
지금 생각해보면 그날 돈을 가지고 가지 않았던 것이
오히려 좋았던 것인지도 모른다. 덕분에 화려한 물건을
사진 않았지만 화려한 시간을 가질 수 있었다.

도시 한가운데서 신선한 과일과
채소를 만날 수 있으니 무척 행복하다.

직접 배합할 수 있는 입욕제를 파는 가게.
양미역취 등 좋아하는 향의 허브를
조합할 수 있다.

골동품 시장에서 발견한 오래된 열쇠.
키홀더로 사용하니 딱이다.

파머스 마켓에서 사온 것들.
당근도 한 개씩 소량으로
살 수 있어 좋다.

어느 휴일 아침, 일찍 일어났더니 그날따라 정말 날씨가 좋았다. 나는 전부터 하려고 미뤄두었던 구두 닦는 일을 오늘 해야겠다고 생각했다. 아침밥을 제대로 챙겨먹고 모든 구두를 옥상으로 옮긴 다음 반짝반짝 구두를 닦았다.

옥상으로 나가는 입구에 사람들이 휴식을 취할 수 있도록 돗자리를 항상 준비해두는데, 구두 닦는 날에도 나는 그 돗자리를 꺼낸다. 3층에 있는 쿠션을 하나하나 돗자리 위에 올려놓고 그 위에 푹신하게 앉아서 천천히 그리고 차분하게 구두 손질을 시작한다. 아래의 순서에 따라서 구두를 닦으면 된다.

1. 먼저 솔로 구두의 먼지를 털어낸다.
2. 보호 크림을 천에 묻혀서 구두 전체에 바르고

지저분한 것들을 깨끗이 닦아낸다.

3. 검은색 구두라면 하얗게 닳은 부분에 검은색
    크림을 바르고 수건으로 문질러서 닦는다.

4. 마지막에는 천으로 맨질맨질하게 문지르거나
    솔로 털어내며 광을 내고 닦는다.

구두를 너무 반짝반짝하게 닦으면 좀 부끄러운
생각이 들어서 나는 일부러 약간 뿌옇게 만드는
느낌으로 구두를 닦는 편이다. 무슨 일이든 그렇지만
나는 한 번 시작하면 끝날 때까지 매우 진지하게
몰입한다. 한 켤레씩 구석구석 깨끗하게 닦다가
피곤해지면 쿠션에 기대서 멍하니 하늘을 올려다보고
쉰다. 그리고 다시 구두 닦는 일에 열중한다.
왠지 모르겠지만 이런 시간을 정말 좋아한다.

　남편이 일본에 있을 때 구두 닦는 일은 남편
몫이다. 날씨가 좋으면 "사치코, 구두 닦을 거니까 어서
내놔."라고 소리를 높인다. 옥상에 돗자리와 쿠션을
세팅하는 일도 남편이 전부 한다. 지금 남편은 남쪽
섬에서 생활하고 있어 집에 없을 때가 많기 때문에
구두 닦는 일은 내 몫이 됐다.

　가지고 있던 가죽 구두를 늘어놓아보면 그 모습이
장관이다. 자주 신는 구두와 신지 않는 구두를 한눈에
알아볼 수 있다. 신지 않는 구두는 다른 사람에게 주고
싶은 마음이 들기도 한다. 마음에 들지만 상처가 많이 난
구두는 수선을 맡겨야겠다는 생각도 든다. 그러다 보면
자연스럽게 구두 정리까지 함께 된다. 깨끗하게 닦은
구두는 바로바로 신고 나갈 수 있다. 닦은 구두를 신고
내일은 어딘가로 외출을 해야겠다.

1	브러시를 사용해서 먼지를 털어낸다
2	가죽에는 보호 크림('가죽의 달인'이라는 이름의 제품)을 바른다.
3-4	검은색 크림은 하얗게 닳은 곳에만 칠한다. 주름을 감추는 느낌으로.
5	천으로 닦아내면서 마무리한다.

달콤한 숙면을
도와주는 수면안대

밤에 잠을 잘 때나 낮잠을 잘 때 나는 수면안대를
착용한다. 수면안대를 하고 잠을 자면 푹 잔 기분이
든다. 물론 중간에 자연스럽게 수면안대가 벗겨지기도
하지만 "자, 이제 자야지." "쉬자."라고 스스로의 의식을
전환할 때 수면안대는 정말 효과적이다.

안타깝게도 수면안대는 의외로 예쁜 것이 없다.
그래서 좋을 것을 발견했을 때 그 자리에서 바로 사는
편이다. 내 수면안대 중에는 알록달록한 바지를 입은
인형의 하반신 모양의 수면안대가 있다. 하도 모양이
희한해서 만든 사람을 찾아가서 "왜 이 모양으로
만들었어요?"라고 묻고 싶을 정도다. 수면안대를 하면
잠을 잘 잘 수 있다는 내 말을 듣고 우리 스태프가
만들어준 것도 내가 아끼는 수면안대 컬렉션 가운데
하나다.

수면안대는 뚜껑이 있는 전용 바구니에 넣어 침대 옆에 둔다.

나는 가끔 일을 하다가도 눈이 좀 피곤하다는
생각이 들면 증기로 눈을 따뜻하게 만드는 수면안대를
사용한다. 잠깐 동안 그 수면안대를 쓰고 있으면 눈의
피곤함을 덜고 다시 일 모드로 복귀할 수 있다.

피로는 쌓아두지 않고 그때그때 푸는 것, 일상생활을
하면서 의식적으로 기분 전환을 하는 것. 이 두 가지는
건강하고 즐겁게 긍정적으로 생활하기 위해서 매우
중요한 요소다.

간장병도 스타일리시하게

　우리 집에 오는 사람들이 보기만 하면 모두 "이거 정말 좋네." 하고 말하는 게 있다. 각종 간장, 기름 등 양념을 담는 병이다. 실용적이면서도 부엌 인테리어를 돋보이게 하는 역할을 한다. 이 병들은 내가 직접 만든 것이다. 유리병을 직접 만든 것이 아니라 이름표를 붙였다는 뜻이다. 방법은 정말 간단하다. 단순한 모양의 유리병에다가 푸어러(pourer, 입구가 좁아서 내용물을 따르기 쉽게 만든 병마개 – 옮긴이)를 끼우고 맛술, 식초, 참기름, 올리브 오일, 샐러드유 등 내용물을 알려주는 이름표를 손 글씨로 쓰면 끝이다.

　이 병은 숍을 운영할 때 매장에 들여놓은 상품이었다. 숍을 그만둔 지금도 그 병을 갖고 싶다는 사람이 많다. 최근에 인터넷에서 찾아보았더니 같은 모양을 한 병을 찾을 수 있었다.

양념을 넣어두기에 딱 좋은 병과 푸어러.
아마존에서 다양한 종류의 병을 살 수 있다.
라벨은 손글씨로 쓰는 것이 예쁘다.
그림을 그려도 좋다.

큰 병은 50밀리리터 분량의
카프리 오일 & 비니거 L사이즈.
살루스SALUS라고 하는 일본 브랜드
제품이다. 가장 왼쪽 작은 병에는
칵테일용 술이나 리큐어를 보관한다.

실용적이면서 보기에도 좋은 양념 병들.
사람들이 부탁해서 우리 집과 똑같이
양념 병 코너를 만들어주기도 했다.

좀 더 작은 병도 있었고 입구 부분의 모양이 다른 것도 있었다. 서둘러서 여러 개의 병을 구매하고 양념 병으로 재탄생시켰다.

병에 붙일 이름표를 쓸 때는 물이 닿아도 지워지지 않는 에나멜 타입의 그림물감을 쓴다. 글씨만 쓰면 되니까 작은 물감이면 충분하다. 붓도 가느다란 것을 준비한다. 팔레트로는 쓰지 않는 접시나 쟁반, 혹은 병뚜껑처럼 쓰고 바로 버릴 수 있는 것을 쓰면 편리하다. 도구는 제대로 준비해두어야 사용할 때 기분이 더 좋다.

글씨는 병에다 직접 붓으로 써도 좋지만 나는 명함 사이즈의 종이에 검은색을 칠해서 말린 다음 그 위에 이름을 쓰는 방법을 선호한다. 이렇게 하면 화려한 느낌이 더 많이 든다.

한편 우리 집에 있던 주스 병에 붉은 색 뚜껑을

매치했더니 멋진 드레싱 병으로 변신했다.

그러니까 뭐든지 해보면 좋다. 뭐든지 할 수 있기

때문이다. 붓질에 자신 없어도 괜찮다. 자신 없는 채로

즐겁게 일단 해보면 된다.

무엇이든 액자에 넣어보기

우리 집에는 곳곳에 액자가 있다. 나는 액자를 한군데 모아서 장식한다. 예를 들어 계단 벽에는 뉴욕의 길거리에서 산 흑백 사진 엽서를 넣은 액자들을 걸었다. 거실과 이어지는 부엌에는 고쿠레 히데코의 그림을 걸었다. 같은 장르나 같은 취향, 같은 작가, 같은 색…… 이런 식으로 공통된 주제로 그림을 모아서 장식하면 통일감이 들어서 그 공간이 멋지게 보인다.

3층에 방이 하나 있는데, 예전에 친구였던 일러스트레이터 가와하라 소스케가 묵었던 적이 있다. 파리에 살고 있던 그는 일본에 올 때 딱히 머물 곳이 없어서 그때마다 우리 집에서 지내곤 했다. 그때의 추억을 담아서 3층에는 소스케의 그림을 온 벽에다 장식했다. 그의 작품은 물론이고 그가 머물 때 잠깐 끄적거리던 낙서나 스케치, 일러스트뿐 아니라 파리에서 보내온 팩스, 소스케의 명함까지 모두 모아 액자에 넣어 장식했다. 마치 유명 미술관의 전시실처럼 보인다. 우리 집 갤러리 '가와하라 소스케' 전시실인 셈이다. 그의 이름만 들어도 가슴이 두근거린다.

아이들이 있는 집이라면 아이들이 그린 그림들을 액자에 넣어서 모아서 장식하면 좋다. 다섯 살까지는 모든 아이들이 피카소처럼 자유롭게 창의적인 그림을 그리니 말이다! 핑크색 코끼리도 좋고 엉성하게 완성한 종이접기도 좋다. 아이들 사진과 함께 액자에 넣어서 장식해보자. 이 액자를 볼 때마다 온 가족이 생글생글 웃을 수 있고 놀러온 사람들도 즐거울 것이다.

이러한 작은 요소들이 진정한 일상의 즐거움이라고 생각한다. 주변 사람과의 추억과 매일의 기억을 찾아내서 자유롭게 구성하고 자주 바라보며 즐기는 것.

돈으로 산 것으로는 맛볼 수 없는 따뜻한 우리 집만의
인테리어다.

멋진 인테리어 소품, 쿠션

　　쿠션은 우리 집에서 없어서는 안 될 중요한 인테리어 요소다. 쿠션은 단지 뒹굴뒹굴 할 때 쓰는 용도에 그치지 않고 집의 아름다움을 잘 표현해주는 역할을 한다. 쿠션 하나만으로도 방의 분위기를 바꾸는 것이 가능하다. 값도 싸고 간단하게 모양을 바꿀 수도 있어 활용하기 매우 편리한 아이템이다. 쿠션을 인테리어로 활용하려면 그 장소에 맞는 쿠션을 적절하게 두어야 한다. 그렇다고 인테리어를 바꿀 때마다 쿠션을 바꾸라는 이야기가 아니다. 쿠션 커버만 바꾸면 된다.

　　지금 우리 집 거실은 흰색이 바탕색이므로 쿠션 커버도 흰색으로 통일하고 싶어서 내가 직접 만들었다. 마음에 드는 쿠션 커버를 찾으려고 하면 잘 없기 때문에 직접 만드는 것이 제일 빠르다. 지퍼를 붙이는 작업 때문에 쿠션 커버 만드는 것을 다들 번거로워하는데

그냥 천 둘레를 박기만 해도 된다. 한쪽만 뚫어놓아
베개처럼 쿠션을 커버 안에 넣고 남는 천은 안쪽으로
접듯이 넣으면 쿠션 커버 만들기는 끝.

　재봉틀이 없으면 손바느질을 해도 괜찮다. 손바느질
하는 경우 자수용 실이나 두꺼운 실을 사용하는데 눈에
띄는 색을 이용해서 바깥쪽으로 꼼꼼하게 바느질한다.
이렇게 하면 한 땀 한 땀 스티치가 디자인적으로
느껴져서 무척 예쁘다. 조금 비뚤어도, 스티치 폭이
조금씩 달라도 손바느질 특유의 멋이 배어 나와서
괜찮다. 한 가지 팁을 말하자면, 반다나와 손수건으로도
쿠션 커버를 만들 수 있다. 반다나나 손수건은 테두리가
박음질되어 있어서 더 간단하게 만들 수 있다.
조각보처럼 좋아하는 무늬의 손수건을 이어 붙이면
화려하고 멋있는 쿠션 커버가 된다.

흰색 천에 흰색 자수가 들어간
쿠션은 인도에서 산 것.
벌써 30년이나 사용하고 있다.
색이 바래지도 않고 멀쩡해서
앞으로도 한참은 더 사용할 수 있다.

3층 방은 모로코 풍으로 꾸미고 싶어서
벽을 짙은 오렌지색으로 칠했다.
모로코에서 산 원통 모양의 쿠션이
분위기를 한층 이국적으로 만들어준다.

일본처럼 천정이 낮은 공간이 많은 곳에서 쿠션은 매우 편리하게 쓸 수 있는 물건이다. 쿠션을 사용한 좌식 생활은 천정을 높게 느끼게 하여 공간감을 주므로 심리적으로 편안해진다. 전에 살던 집에서는 한쪽 공간에 사방이 70센티미터 정도 되는 커다란 쿠션을 깔고 위에 작은 쿠션을 몇 개나 올려두는 식으로 일명 '뒹굴뒹굴 방'을 만들기도 했다. '뒹굴뒹굴 방'은 휴일에 영화를 보면서 편히 쉬는 공간이었다.

지금 우리 집 3층에는 벽을 짙은 오렌지색으로 칠한 모로코 방이 있다. 그 방에 모로코에서 산 쿠션을 깔고 분위기를 내고 있다. 실용적인 면이 아니라 인테리어의 일부로서 쿠션을 다시 바라보는 것은 어떨까?

패션 이야기를 할 때 나는 자주 말한다.

"나에게 어울리지 않는다는 마음이면 그 옷은
절대 어울리지 않는다." "어울리지 않는 옷은 없다.
어울리도록 입을 뿐이다."

정말 그렇다. 입고 싶은 마음이 있으면 나중에는
그 옷을 어떻게든지 소화해서 나만의 스타일로 입을 수
있다. 그러나 처음부터 '이건 안 돼!' '이 옷을 입기는
좀 힘들어.'라고 생각하는 마음이 그 사람의 세계를 좁게
만들어버린다.

옷 입는 것뿐만 아니라 무슨 일이든지 마찬가지다.
나에게는 스마트 기기도 그렇다고 생각한다. '뭘 해도
서툴러.' '나에게는 무리야, 무리.' 이런 마음이 점점 더
멀리하도록 만든다. 새롭게 시도하는 것에 무리인 것은
없다.

마음대로 만진다고 고장 나지 않는다. 나는 그렇게 해서 스마트 기기와 사이좋게 지내고 있다.

처음부터 조금씩 내가 원하는 기능을 먼저 인터넷에서 검색해서 공부하고 그 다음엔 해당 회사에 전화해서 더 자세히 물어본다. 나는 맥Mac을 쓰니 애플에 자주 전화한다. 그렇게 하면 어떻게든 기능을 익힐 수 있다. 나는 특히 사진이나 음악을 보고 듣는 데 컴퓨터를 적극 활용한다. 이제 앨범이나 CD가 필요 없게 되어 너무 편하다.

요즘은 블루투스 덕분에 오래 방치해두었던 소니 스피커도 제대로 활용 중이다. 큰 북처럼 생긴 모양이 맘에 들어서 예전에 충동적으로 샀던 원목 소재 스피커다. 이 스피커는 오디오 기기가 없던 우리 집에서는 그냥 전시만 해두던 물건이었다.

공간도 넓게 차지하고 가격도 비쌌다. 다행히
블루투스로 연결되어 요즘은 비싼 스피커가 제 실력을
발휘하고 있다. 새로운 물건과 사이좋게 지내는 것에
나이는 상관없다.

계절이 느껴지는 그릇을 쓰다

나는 옷을 만드는 사람이지만 실제로 옷보다는
그릇을 더 많이 갖고 있다. 특히 일본의 골동품을
좋아해서 옛날부터 여러 가지 모양의 그릇을 모아왔다.
나에게 의식주는 모두 하나로 연결되어 있다.
옷만 좋거나 음식만 좋거나 인테리어만 좋다고 멋진
사람이 아니라는 뜻이다. 의식주의 균형이 좋은 사람이
정말 멋진 사람이다. 특히 일본에서는 음식 문화가
풍요롭게 잘 발달해서 음식과 그릇은 떼려야
뗄 수 없는 관계다.

일본인은 요리를 눈으로도 먹고 혀로도 먹는다.
시각은 일본 요리에서 가장 중요한 요소라 그릇의
종류가 매우 다양하다. 계절 또한 일본 요리의 중요한
요소다. 그래서 그릇의 문양에서도 계절을 나타내는
것이 많다.

봄에는 벚꽃, 여름에는 조릿대, 가을에는 국화, 겨울에는 남천나무 등 계절에 따라서 그림이 다른 그릇을 사용한다. 눈이 녹는 시기에만 사용하는 그릇, 새해 첫날에만 사용하는 그릇, 히나마쓰리(ひなまつり, 3월 3일에 여자 아이가 있는 집에서 히나 인형을 장식하는 축제 — 옮긴이)에만 사용하는 그릇 등등 다양한 용도의 그릇이 많다. 그릇의 세계는 굉장히 섬세하다. 그릇 위에 아름답게 조리된 계절 음식을 놓기 때문이다.

우리 집에는 직경 18센티미터 정도 되는 푸른색의 큰 접시가 있다. 눈이 녹아서 그 안에 벚꽃 봉우리가 나오는 장면이 그려져 있다. 그래서 정말 그 계절에만 사용한다. 그림의 의미를 생각하면 그릇을 사용하는 것이 더 즐거워지므로 살 때는 골동품 파는 사람에게 자세히 때때로 커피를 술잔에 내기도 한다.
나무 쟁반도, 그 위의 술잔도 골동품이다.
받침으로 사용한 접시는 일러스트레이터
페터 사토가 그린 것.

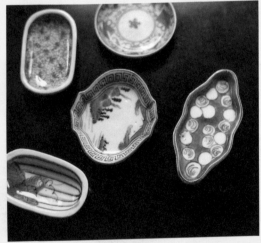

접시에 벚꽃을 놓으니 봄이 올 것만 같다.

봄의 시작이 접시 위에 멋지게 묘사되어 있다.

아래 사진의 작은 종지들에서는 깊이 있는 아름다움을

느낄 수 있다. 쪽빛 종지에는 소금이나 산초 등

조미료를 내거나 작은 과자를 담을 때 사용한다.

고기를 잡고 있는 어린아이. 순산을 기원하는
의미가 있는 그림이다. 아마 어떤 여성이 시집갈 때
가지고 갔던 그릇이었을 것이다. 주로 새해 첫 날에
사용한다.

물어보는 것이 좋다.

　골동품 그릇을 사면서 느끼는 점인데, 옛날 사람들이
훨씬 더 화려하고 풍요로운 삶을 살았던 것 같다. 낭만이
사라진 요즘 시대의 무뚝뚝함이 유감스럽게 느껴진다.
나는 사람들이 지금보다 더 하루하루의 생활을
즐겼으면 좋겠다. 나는 꼭 사람들을 초대하지 않아도
매일의 식사에서도 골동품 그릇을 자주 사용하며
식탁에서 계절감을 느끼곤 한다. 골동품이라고 하지만
비싸봐야 5만 엔(약 50만 원)정도 하는 것만 사고
있으며 그렇게 산 그릇들은 아끼지 않고 자주 사용하고
있다.

　잊지 않고 사용해야만 그릇은 살아남는다.
내가 살아 있는 동안 열심히 사용하고 내가 이 세상에서
없어진다면 그 즈음 그릇이 다음에 갈 곳을 정해줘야

한다. 이러한 배려 또한 사물에 대한 애정일 것이다.

좋아하는 옷을 입고 산책하는 즐거움

아무 일도 일어나지 않는 평범한 하루지만 약간 시선을 바꾸기만 해도 멋진 시간을 만들 수 있다. 나에게는 예쁜 저녁 해를 볼 때가 그렇다. 느낌 좋고 맛있는 요리를 만들었을 때도 그렇다. 아침에 옷을 입었을 때 기분 좋게 핏이 딱 맞았을 때도 그렇다. 또한 베란다에서 햇볕을 가득 쬐었을 때도 그렇다.

이처럼 작은 행복을 느끼는 순간은 많지만 모두 분명 제대로 알아차리지 못했을 것이다. 괴로운 일이 있거나 기분이 우울할 때는 맛있는 것도 맛있다고 느끼지 못한다. 힘든 일이 있을 때는 벚꽃이 피어 있는 것도 눈에 들어오지 않는다. 이런 사람들이 많다.

마음가짐이 가장 중요하다. 평소에는 물론이고 기분이 우울하면 산책을 가보자. 근처 공원처럼 초록색 식물이 있는 곳이면 된다. 마음에 드는 코트를 입고

가볍게 산책해보자. 날씨가 좋은 날은 등이 따뜻해서
마치 태양이 망토를 덮어주는 듯하다. 그 따뜻한 느낌이
마음속의 답답하고 우울한 것을 풀어준다. 자연에서
식물을 자라게 하는 태양의 에너지는 정말 대단하다.
그렇게 따사로운 햇볕에 가끔씩 상쾌한 바람이 불면
그것도 무척 기분이 좋다. 미풍이나 솔바람은 마음속에
있던 먼지까지 날려버린다.

혼자서 조용히 걸으니까 새가 지저귀는 소리도
들리고 길가의 풀꽃도 알아차리게 된다. 마른 가지 끝에
새싹이 붙어 있는 것을 보기도 하는 등 계절의 변화를
민감하게 느낄 수 있다. 가을이라면 자연스럽게 예쁜
단풍에 눈에 간다. 산책길에 몇 개 주워서 방에 장식하면
정말 예쁘다.

집 근처를 산책했는데도 이런 엄청난 보물을 얻었다.
태양빛이 들어오는 창가에 두면 낙엽도 아름답다.

얼마 전까지 나이가 많은 반려견 곁을 지키느라
오랫동안 해외여행을 하지 못했다. 안타깝게
반려견들은 세상을 떠났다. 그 즈음 나도 자신 있던
건강에 문제가 생겨서 우울했었다. 그때마다 근처로
산책을 나갔고 그렇게 산책을 갈 수 있어서 감사하다는
생각을 했다. 머리 위에 태양이 떠 있다는 소소한
사실에도 행복을 느꼈다. 최근 들어 그런 생각을 더욱
많이 한다.

조지아 오키프를 오마주하다

바다를 좋아해서 이전에는 바다 가까운 곳에 별장을 두었다. 남쪽 섬에서 바다를 멍하게 바라보는 그 시간이 나에게는 정말 최고의 시간이었다.

바다에 가면 여러 가지를 주워올 수 있다. 떠다니는 유목, 조약돌, 조개를 주워서 돌아오면 아이디어가 계속해서 떠오른다. 깨끗한 하얀 돌을 도어 노브로 만들기도 하고 유목을 옷걸이로 사용하기도 한다. 인테리어에 사용하는 것도 많이 있다. 주워온 것을 액자에 넣으면 멋진 예술 작품으로 변신한다.

3층으로 올라가는 계단의 일부 벽을 오렌지색으로 칠하고 선반을 두었다. 그 위에는 주워온 것들을 장식하는 공간으로 활용했다. 화가인 조지아 오키프Georgia O'Keeffe를 매우 좋아하는데, 그녀가 말년에 살던 미국 뉴멕시코주, 고스트 랜치에 위치한 오랜지색 바위산의 이미지를 표현하고자 했다.

자연이 만들어낸 것은 그것만으로 충분히 아름답다.
자연스러움을 좋아해서 그런지 요즘은 유목이나
돌을 이용한 인테리어 용품이 잘 팔린다고 하는데
난 그것에는 반대한다. 유목, 돌, 조개, 유리 파편,
무엇이든지 좋지만 그러한 것은 직접 주워와야 애착이
생긴다.

그 장소에서 지낸 시간, 직접 내 눈으로 발견하고
내 손으로 느낀 감촉, 그런 것들이 있어야 내 것이
된다는 느낌이 있다. 사온 것과는 애착 정도가 다르다.

나는 물건을 좋아하니까 사온 것과 주워온 것,
다른 사람이 만든 것 모두에 애정이 많다. 가격은
관계없다. 주워온 것이야 말로 한층 애착이 강해서
더 소중하게 다루고 있다.

3층 한쪽에는 오키프의 이미지로 꾸몄다.
주워온 유목과 둥근 돌, 우리 집에 온 물건들.

꽃구경은 도쿄대학교에서

집에서 멀지 않은 나카메구로천은 도쿄에서도 매우 유명한 벚꽃 명소다. 개천 양 옆으로 벚나무가 죽 늘어서 있는데 꽃피는 계절이 오면 기세 좋은 핑크색이 개천을 흠뻑 물들인다. 정말 장관이라고 할 수 있다. 예전에는 사람이 별로 없어서 나카메구로천 옆을 산책하면서 천천히 꽃을 즐길 수 있었는데 지금은 사람이 엄청 많다. 벚꽃이 아닌 사람을 보러가는 것이 되어 최근에는 발걸음이 뜸해졌다.

그러다 보니 집 근처에 여기저기 벚꽃이 피어 있는 작은 장소들을 발견하게 되었다. 산책할 때 '아, 여기에도 꽃이 있었구나.'라는 생각에 발걸음을 멈추고 꽃에 떠다니는 독특한 공기에 취하곤 한다. '아, 봄이구나.' 하면서. 근처의 도쿄대학교 캠퍼스 안에도 오래된 벚나무에 꽃이 가득 피었다.

학교 안이 때로는 훨씬 조용하고 풍경도 더 좋다.
일부러 멀리 벚꽃을 보러 외출하지 않아도 된다.

요즘은 시부야의 도큐백화점 지하에서
'하나미(꽃구경) 도시락'을 산 다음, 도쿄대 고마바
캠퍼스에 가서 햇살이 반짝반짝 비치는 태양 아래에서
벚꽃을 올려다보며 도시락을 먹는다. 이것이 최근에
내가 꽃구경을 하는 소풍 방법이다.

집 근처에 벚꽃이 없는 경우에는 어떻게 하냐고?
꽃집에서 벚꽃 가지를 사오는 것도 하나의 방법이다.
집 안에 하나라도 벚꽃이 피어 있으면 그것이
꽃구경이다. 유리병에 꽂아서 거실에 놓아두면 끝.
우리 집에서는 벽의 나무 그림과 새장 오브제, 벚꽃
가지가 하나의 그림으로 이어진다. 이것만 봐도
로맨틱한 꽃구경을 할 수 있다.

거실 벽에 나뭇가지를 그리고 못을 박아
그곳에 철로 만든 새장을 걸어놓았다.
바로 옆에는 진짜 벚꽃을 두었다. 나는 이렇게
트롱푀유(Trompe-l'œil, 착시를 불러일으키는
그림—옮긴이)풍의 인테리어를 좋아한다.

벚꽃 가지는 벚꽃이 떨어지고 연한 녹색 잎이
나와도 그대로 둔다. 꽃가지가 있는 실내의 풍경을 좀
더 즐길 수도 있고 그러다보면 해가 길어지고 내가 정말
좋아하는 여름이 온다.

집 안에 꽃이 항상 끊이지 않는 사람도 있지만
나는 거의 꽃을 사지 않는다. 이유는 단순하다.
땅에 뿌리를 내리고 잘 자라고 있는데 그 꽃을 자르는
것이 불쌍하다는 생각에서다. 대신에 꽃을 선물 받았을
때는 마지막의 마지막까지 그 꽃의 모습을 즐긴다.

여러 종류의 꽃으로 만들어진 꽃다발을 받으면,
준 사람에게는 미안하지만 받은 즉시 같은 꽃끼리 따로
묶는다. 한 종류의 꽃을 하나의 컵에 꽂아두기 위해서다.
이때는 꽃병이 아니라 작은 꽃묶음에 어울리는 컵이나
와인 잔을 사용해서 집의 여러 곳에 장식한다.
집안 여기저기에 꽃이 피도록 만드는 것이다. 덩그러니
한 곳에만 화려한 꽃다발을 놓아두는 것보다 이렇게
하는 것이 우리 집에 잘 어울리는 것 같다.

창가나 책상 위는 물론이고 의외의 장소에 꽃을

장식하는 것도 즐거운 일이다. 그런 식으로 충분히
즐긴 다음 꽃이 질 때쯤 되면 큰 접시에 물을 담아서
꽃잎을 흩어놓는다. 꽃잎은 말려서 손 편지 속에
넣기도 한다. 진홍색 장미도 처음에는 몇 줄기 모아서
장식하다가 나중에는 꽃봉오리만 잘라서 물속에 띄워
넣고 오래도록 즐긴다. 마지막으로 꽃잎만 남으면 초와
함께 장식해서 유종의 미를 거둔다. 애써 꺾은 꽃이라면
이렇게 끝까지 즐겨야지, 그러지 않으면 꽃이 너무
아깝다.

유리나 아크릴 소재 투명한 용기에 꽃을 꽂아둔다.

엠파이어스테이트 빌딩과 장미꽃이 의외로 잘 어울린다.
꽃은 한 종류만 모아서 장식하는 것을 좋아한다.
왼쪽의 초록 식물은 스위트피.

꽃이 시들면 꽃잎만 떼어내 양초와 함께 둔다.
마지막의 마지막까지 즐길 수 있다.

그리와
누아르의 일기

우리 집에는 16년 동안 함께 생활했던 반려견 두 마리가 있었다. 그리와 누아르다. 미니어처 슈나우저 형제였는데 정말 작고 귀여운 강아지였을 때 우리 집에 왔다. 아이가 없는 우리 부부가 자식처럼 아끼고 예뻐하던 반려견이었다.

반려견은 마음을 위로해주는 소중한 존재이지만 힘들 때도 종종 있다. 특히 집을 비우고 해외에 갈 일이 생길 때가 가장 힘들다. 우리 집은 남편이 외국에서 오래 생활했고 나도 해외에 갈 기회가 정말 많았다. 그래서 집을 비울 때는 그리와 누아르를 돌보는 일을 사비 젠틸의 스태프에게 부탁하곤 했다. 그리고 내가 없는 동안 있었던 일을 메모로 남겨달라고 노트를 한 권 주면서 부탁했다. '그리와 누아르의 일기'라고 불리게 된 그 노트는 시간이 가면서 여러 권으로 늘어났다.

처음에는 일기처럼 글만 적었는데 점차 폴라로이드 등
사진을 붙이게 되었고 마지막에는 노트의 레이아웃도
고심하여 쓸 정도가 됐다. 단순한 기록성 일기가
진화해서 마치 책처럼 된 것이다.

내가 없을 때는 그래서 그리와 누아르가 어떻게
지내는지 '그리와 누아르의 일기'를 통해 자세히 알 수
있었다. 스태프들이 그리와 누아르를 위해 매일 만든 밥,
그들이 밖에서 먹은 식사, 놀러온 친구들 사진까지 붙여
놓은 것을 보니, 다행히 스태프들이 일기 쓰는 걸 즐겁게
한다는 안도감이 들었다. 그래서 여행에서 돌아왔을 때
이 노트를 펴 보는 것이 나에게는 정말 큰 즐거움이었다.

지금도 일기를 넘기다 보면 시간이 많이 흐른 것을
잊고 그 시절에 푹 빠진다. 점점 성장해갔던 그리와
누아르의 생생한 얼굴을 볼 수 있고 그리, 누아르와 함께

사진을 찍었던 사비 젠틸의 예전 직원들의 모습도 볼 수 있다. 그리운 날들, 사랑스러운 날들이 고스란히 노트에 담겨 있다.

일기를 쓰기 시작했을 때는 작은 강아지였던 그리와 누아르도 나이를 먹었고 그러다가 병이 걸렸다. 그래서 나는 최근에는 거의 여행을 가지 못했었다. 그렇게 오랫동안 병을 앓던 그리가 1년 전 12월에 세상을 떠났고 그러자 응석받이에다 항상 그리 옆에 붙어 있던 누아르까지 기운을 잃어버려서 이듬해 4월에 세상을 떠나고 말았다. 이제 '그리와 누아르의 일기'는 끝났지만 나에게 이 노트는 반려견과의 소중한 추억이 가득 찬 귀한 보물이다.

하루하루를 즐기는 것, 인생은 또한 그런 것이다.

스태프들이 계속 써준 '그리와 누아르 일기' 일부.
그날의 소소한 일상을 사진과 글로 기록했다.

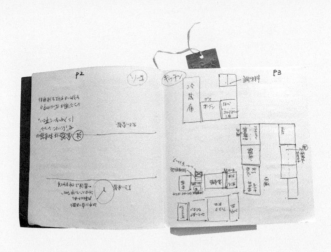

우리 집 부엌 단면도. 어디에 무엇이 있는지
집을 비웠을 때 사람들이 알 수 있도록 만들어두었다.
아래 사진은 폴라로이드로 찍은 그리와 누아르.
핸드폰 카메라나 디지털 카메라를 쓰기 전 시대다.

아무것도 없는 듯 보이는 일상의 작은 것들을 즐거워하고 기뻐하고 고마워하면서 하루하루를 즐겼으면 한다. 반려견이 더 이상 내 곁에 없어도 내가 점점 나이가 들어가도, 그래도 매일을 충실하게 살아가는 것. 그것이 전부라는 생각이 든다.

우리 집은 집이기도 하지만 일을 하는 곳이기도 하므로
나는 집에 있는 경우가 많다. 하루 종일 집에 있는 것 같아
밖에서 기분전환을 하고 싶다고 생각하면 자전거를 타고
근처의 카페로 자주 나간다.

그곳은 남자 둘이서 운영하는 작은 카페로 카푸치노가
매우 맛있다. 테이크아웃 전문점이지만 가게 밖에
나무 벤치가 하나 있어서 거기에서 커피를 마실 수 있다.
나는 밖을 좋아해서 뜨거운 컵을 받아들고 벤치에서 커피를
마신다. 어느 추운 겨울날, 햇볕을 쬐면서 밖에서 컵을
호호 불며 커피를 마시고 있었는데 문득 '여기에 쿠션이 있으면
좋겠다. 그러면 좀 더 기분이 좋아지겠어.' 하는 생각이 들었다.
다음에 그 카페를 갈 때 집에 있는 쿠션을 가지고 가서 "여기에
두어도 좋을까요?"라고 물어보니 카페 주인이 "좋아요."라고
말해주었다. 그런 이유로 그 카페에는 내 쿠션이 놓여 있다.
디자이너에 스타일리스트로 일해왔으니 가게 분위기와 벤치에
잘 맞는 쿠션을 선택했고, 그러니 그들의 가게 분위기를
방해하진 않았을 것이다.

조금 제멋대로라고 할 수도 있지만 그런 식으로 나는
기분 좋아지는 장소를 스스로 만든다.

집에서나 어디에서나 그때마다 기분 좋은 시간과 공간을 만드는 것이 중요하다. 언젠가 한 친구가 "사람들이 이렇게 했으면 좋겠는데 그러지 않아서 속상하다."라고 한 적이 있다. 그럴 때 나는 상대가 해줄 것이라고 미리 단정하니까 기대를 하는 것이고 그래서 그게 지켜지지 않으면 속상한 거라고 말해준다. 미리 단정하지 않고 기대하지 않으면 작은 것이라도 상대가 해준 것에 대해 기쁘게 받아들일 수 있다.

인생이라고 하면 거창한 것처럼 생각되지만 가만히 생각해보면 아주 작은 시간들을 쌓아놓은 것이다. 충실하게 하루를 보낼 수도 있고 그렇지 않게 하루를 보낼 수도 있다. 오늘이라고 하는 시간은 내가 고를 수 없고 같은 날도 더 이상 오지 않는다. 그러니 무엇보다도 오늘을 사는 내가 가장 기분이 좋아야 한다. 그렇지 않으면 다른 사람을 기분 좋게 만들 수 없다. 최고의 즐거움을 발견하려면 건강하고 활력 있게 살아야 한다.

최고의 즐거움은 내가 직접 찾아가는 것이고 최고의 인생은 내가 직접 만들어가는 것이다. 나에게 최고의 인생을 살았는지 물어본다면 "글쎄요, 저는 잘 살긴 했어요."라고 대답할 수 있는 오늘을 살고 싶다.

카페의 이름은 카멜백CAMELBACK.
샌드위치가 특히 맛있다.

옮긴이 신은주   한국외국어대학교 일본어과를 졸업한 뒤 저작권 에이전시 임프리마에서
일본어권 에이전트로 일을 했다. 현재 전문번역가로 활동하고 있으며
번역가 모임인 바른 번역 회원이자 왓북 운영자다. 옮긴 책으로는
《30분 경제학》《이토록 수학이 재미있어지는 순간》《첫아이 면역력 육아법》
등이 있다.

50이후, 인생의 멋을 결정하는 습관들

초판 발행   2020년 8월 10일
초판 2쇄 발행   2020년 9월 8일

지은이 · 이시하라 사치코   옮긴이 · 신은주   발행인 · 이종원
발행처 · (주)도서출판 길벗   브랜드 · 더퀘스트
출판사 등록일 · 1990년 12월 24일   주소 · 서울시 마포구 월드컵로 10길 56(서교동)
대표전화 · 02)332-0931   팩스 · 02)323-0586   홈페이지 · www.gilbut.co.kr
이메일 · gilbut@gilbut.co.kr   대량구매 및 납품 문의 · 02)330-9708

기획 및 책임편집 · 허윤정(rosebud@gilbut.co.kr) | 제작 · 이준호, 손일순, 이진혁
영업마케팅 · 한준희 | 웹마케팅 · 이정, 김선영 | 영업관리 · 김명자 | 독자지원 · 송혜란, 홍혜진

디자인 · 비수기의 전문가 | CTP 출력 및 인쇄 · 북토리 | 제본 · 신정문화사

ISBN 979-11-6521-241-4 03190 (길벗 도서번호 040170)   정가 16,000원